◇普通高等学校通识课系列规划教材

职业潜能

— Zhiye Qianneng —

主　编　郭　霖
副主编　张美华　杨复伟
　　　　易荣伟　叶　舜

重庆大学出版社

内容提要

本书通过赢在校园、潜能训练、团队意识训练、自信心训练、责任意识训练、规则意识训练、自我超越等方面的学习和实践，启发大学生逐步适应大学生活，在自我认知的基础上激发职业潜能，提升学习动力，更好地完成大学期间的各项发展任务，为提升职业竞争力，实现幸福人生奠定良好的基础。

本书可作为高校就业指导类课程的教材，也可供从事就业指导工作的教师及社会相关人士参考。

图书在版编目(CIP)数据

职业潜能/郭霖主编. --重庆：重庆大学出版社，2018.8

普通高等学校通识课系列规划教材

ISBN 978-7-5689-1113-9

Ⅰ.①职… Ⅱ.①郭… Ⅲ.①大学生—职业选择—高等学校—教材 Ⅳ.①G647.38

中国版本图书馆CIP数据核字(2018)第113586号

职业潜能

主 编 郭 霖

副主编 张美华 杨复伟

易荣伟 叶 舜

策划编辑：顾丽萍

责任编辑：李定群 谢 芳 版式设计：顾丽萍

责任校对：邹 忌 责任印制：张 策

*

重庆大学出版社出版发行

出版人：易树平

社址：重庆市沙坪坝区大学城西路21号

邮编：401331

电话：(023)88617190 88617185(中小学)

传真：(023)88617186 88617166

网址：http://www.cqup.com.cn

邮箱：fxk@cqup.com.cn(营销中心)

全国新华书店经销

重庆升光电力印务有限公司印刷

*

开本：787mm×1092mm 1/16 印张：9 字数：192千

2018年9月第1版 2018年9月第1次印刷

印数：1—3 700

ISBN 978-7-5689-1113-9 定价：25.00元

前言

当今世界，知识更迭与产业升级的速度前所未有。随着时代的发展和科技的进步，人工智能逐渐取代了一些传统岗位和职业，使得从业人员往往不能只在一个岗位上，只从事一种职业。因此，从业人员人需要与时俱进，持续培养与提升自己的职业竞争力。这种竞争力无法被人工智能取代，它有别于通常的专业知识与技能，是一种非专业的要素，能够让从业人员在职业生涯中适应跨岗位、跨职业甚至跨行业的成长需求。如何培养大学生在未来职业发展过程中可持续的竞争力，以适应社会发展需求、企业发展需求以及大学生自身的成长需求，非专业能力系列课程应运而生。

非专业能力系列课程是在多年的教学实践、理论研究和企业调研的基础上进行研究开发，按照学生在大学不同阶段的发展需求来设计，相互之间有机衔接、密切联系，分阶段循序渐进、系统塑造，使学生顺利实现由校园人到职业人的转变。

非专业能力系列课程注重学生社会技能的培养，着力改变学生的心智模式，引导学生个性的充分发展，使学生作为一个健康而完整的个体，与环境和谐共处，去追寻职业发展的成功与人生的幸福。因此，学生在课程中不仅能感受到学习的快乐，更能感受到心灵的成长。这种成长帮助学生将关注的焦点从“环境的不利，他人的缺失”转移到“我能做什么”上面来。积极的心智模式为学生的专业能力培养与职业发展奠定了坚实的基础。在此基础上，培养学生具备处理人际关系的能力、公共关系能力、组织协调能力、交流合作能力、适应能力以及社会责任感等。

本书在课程试点的过程中逐步编写形成自编讲义，并在教学过程中不断完善后正式出版，遵循以学生学习与发展成果为中心的原则，立足可读性与指导性，注重理论与实践相结合、普遍性与特殊性相结合、理论指导与技术指导相结合，体现了系统性、有效性和实用性的特点。

本书由郭霖担任主编，张美华、杨复伟、易荣伟、叶舜担任副主编，各章节的编写工作由武汉工程科技学院创新创业学院非专业能力教研室授课教师合力完成。具体分工为：第一章，郭霖；第二章，徐娅妮；第三章，叶舜；第四章，张美华、陈浩；第五章，刘胜男；第六章，吴夏；第七章，李毅；第八章，易荣伟、杨复伟。统稿由郭霖承担，张美华、杨复伟、易荣伟、叶舜协助。

全书从创意、构思、写作直到出版，得到了诸多领导和老师的帮助和指导，在此表示诚挚的谢意！

此外,在写作过程中参考和借鉴了学术界同人的成果和观点,限于篇幅未能一一列出,在此一并表示诚挚的敬意和感谢!

由于编者水平有限,书中难免有不足之处,但若能对读者有所帮助,我们也倍感欣慰和珍惜。最后,诚请读者批评指正,以便再版时更正。

编　者

2018 年 4 月

目 录 / CONTENTS

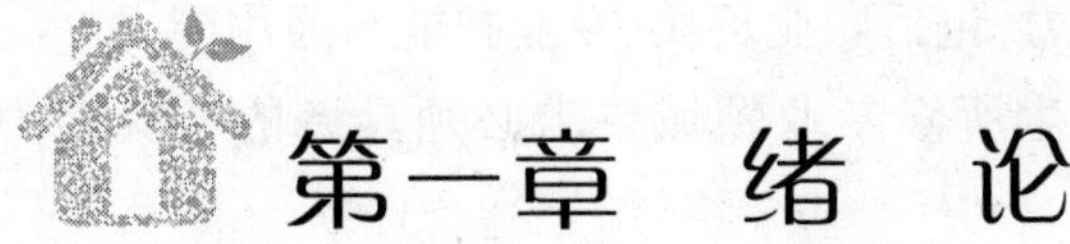

第一章 绪论

［学习目标］

1. 理解职业素质与非专业能力的内涵；
2. 正确认识非专业能力教育的重要性；
3. 了解非专业能力课程的理论基础；
4. 了解非专业能力课程体系的培养目标与学习方法。

［导入］

人类生来拥有的是崭新的生命，与生即备有赢取胜利的条件。每个人以自己独有的方式观看、倾听、接触、尝试和思考。人人各有其独特的潜力——才能与先天限制。他们皆可因自己的天赋条件成为一个杰出的、有思考力、有觉察力和有创造力的人—— 一个胜利者。

——M. 詹姆斯《论强者》

第一节 非专业能力课程概述

随着时代的发展和科技的进步，在产业升级的同时，越来越多的岗位将被人工智能所取代，一些传统职业逐渐从历史的舞台淡去，同时，一些新兴职业也应运而生。就业市场上职业结构的变化、岗位的轮换，使得职业人不能再在一个岗位上从一而终，需要不断自我提升，培养自己的职业竞争力，去适应社会的发展。而这种竞争力无法被机器取代，它有别于通常的生产技术或专业知识，是一种非技术、非专业的要素，这种要素使职业人能够适应跨岗位、跨职业甚至跨行业的职业需求。如何培养大学生在未来职业发展过程中可持续的竞争力，以适应社会发展需求、企业发展需求和大学生自身的成长需求，非专业能力系列课程由此应运而生。

一、职业素质与非专业能力

职业素质是一个人职业生涯发展的关键因素之一，职业素质也称"职商"(career quotient,CQ)，是指劳动者在一定生理和心理条件的基础上，通过接受教育、劳动实践和自我修养等途径而形成和发展起来的在职业活动中发挥作用的基本品质。职业素质包括三方面内容：一是职业素养，涵盖职业道德、职业心态与职业意识；二是职业行为规范，具体就是行业与企业对员工行为规范的要求,涵盖职业化语言与职业化行为;三是职业技能,具体来讲就是员工对工作的胜任能力,包括职业资质、专业技能与通用能力。

专业能力是指大学生所修专业领域要求必须具备的特殊能力,包含职业资质和专业技能。

非专业能力也是职业素质的重要组成部分,包括职业素养、职业行为规范与职业通用能力,即职业素质中除职业资质与专业技能以外的能力素质,是大学生所修专业以外的各种有利于自己全面发展的能力,这种能力具有普适性,不同专业的学生可以有相同或相似的非专业能力。

关于非专业能力的定义和内涵,学者们有各种观点,其中,贵州建设职业学校的李安认为,非专业能力是指那些与一定的专业实际技能不直接相关的知识、能力和技能,它更是在不同场合和职责情况下作出判断选择的能力,应对人生生涯中不可预见的各种变化的能力,一般分为社会能力、情感能力和方法能力。

麦可思公司通过建立基于美国劳工部就业技能委员会(SCANS)标准的中国企业对大学毕业生基本能力需求模型,将35项基本工作能力划分为五大能力群。五大能力群对应的各项基本能力分别是:

①理解与交流能力。包括理解性阅读、积极聆听、有效的口头沟通、积极学习、学习方法、理解他人、服务他人的能力。

②科学思维能力。包括科学分析、数学解法、批判性思维、针对性写作的能力。

③管理能力。包括绩效监督、协调安排、说服他人、指导他人、谈判技能、解决复杂的问题、判断和决策、时间管理、财务管理、物资管理、人力资源管理的能力。

④应用分析能力。包括质量控制分析、系统分析、设备选择、新产品构思、系统评估、技术设计、疑难排解、操作和控制、操作监控、设备维护的能力。

⑤动手能力。包括安装能力、维护机器和系统的能力、电脑编程的能力。

广州大学的林昭雄认为,大学生"非专业能力"主要表现为以下五个方面:

①适应力,即适应社会、谋求生存的能力。目前,大学生这方面的能力主要包括心理承受能力、自立自强能力、人际交往能力、表达沟通能力、组织管理能力、公平竞争能力、团结协作能力、道德自律能力、行为自控能力、审美评价能力、明辨是非能力、分析处理问题能力等,这些都是大学生适应社会、谋求生存和发展的最基本的能力,它们虽然无法成为一个专业,却在很大程度上影响着大学生能力结构的优化及其能力的发挥,应成为衡量大学生综合素质高低的最基本的参考因素。

②学习力,即独立获取知识和运用知识的能力。由于我们的教育体制尚处在由应试教育逐步向素质教育转化的时期,因此,许多大学生主要是被动地、应试地学习。他们习惯于听老师讲,学习的目的是为了考出好成绩。至于考试的目的是什么,如何学会学习,如何主动有效地学习,如何运用知识,则考虑得较少。一旦遇上了新问题、新知识,就显得困难重重

或者束手无策。这种现象在高校中比较普遍，值得深思。我们不仅应教会学生学好知识，还应教会学生用好知识，这才是我们教育的最终目的。

③实践力，即动手操作能力及一些基本技能。一直以来，基本技能少、动手操作能力差是大学生普遍存在的问题，目前这种情况有所好转。实践力主要表现在应用写作、口头表达、英语口语、交际礼仪等基本技能及办公设备使用、摄像摄影、机动车驾驶等操作技能上。这些技能是大学生走上岗位、适应社会的基本本领，不管学生修读任何专业，均应尽可能要求学生能够自如运用。

④发展力，即规划人生、谋求发展的能力。这种能力主要表现为职业生涯规划能力、机遇把握能力、风险控制能力、时间管理能力、投资能力、创业能力、开拓进取能力、终身学习能力等。

⑤创新力，即创新能力和创造能力，是指产生新思想、创造新事物的能力。21 世纪急需创新型人才。创新力是一种更高层次的能力，但由于受当前教育体制、教育观念、教育方法等许多因素的影响，大学生的潜能无法得到充分发挥，创造和创新能力普遍不强。高校应转变教育观念，创设宽松的育人环境，重视大学生创新精神、创新能力和创造能力的培养，善于发掘他们的创造潜能，真正实施素质教育，为大学生的成才创造更加有利的条件。

不难看出，对于非专业能力，学者们都将其归结为专业能力以外的能动的适应性，从科学发展观的角度，从宏观和微观来对非专业能力的具体内涵进行分析，是近年来许多学者探讨大学生就业问题的主要方向。

大学生不但要学好专业知识，培养自己的专业能力，还应具备适应当今时代发展和应对经济全球化挑战的能力，做一个会学习、懂生活、身心健康的现代人。从这个层面而言，非专业能力对于大学生的全面发展和健康成长具有更加深远的意义。

二、非专业能力教育的重要性

中国与发达国家的差距不仅仅体现在经济发展水平上，更体现在企业员工的职业化水平上。美国、德国、英国、法国、日本等发达国家的企业对员工职业化水准的要求非常高，其中，德国劳动力的高知识水平和高能力水准世界闻名，德国的教育体制就是根据企业的需求培养完全符合要求的从业人员。在德国，学校学习结束后，大概 60% 的毕业生都要在 350 种行业的一种中参加职业培训，在职业学校、企业或者跨企业的培训机构中进行的平行教育是德国教育的特别之处。根据职业不同，培训的时间为 2 ~ 3 年。培训的内容则总是随着职业生涯所需技能的发展而变化。英国在解决大学生就业及就业能力问题上更有着独到的见解和深入的研究，它主张将就业能力培养渗透到大学课程中，并将其进行了多种途径的实践，其理论研究水平与实践成果都为世人所称道。

近年来，国内虽然对大学生就业问题非常重视，但大部分学校仅仅只是开设了职业生涯设计与就业指导等课程，主要以讲授为主，很难使学生产生深刻的体验与感悟，同时，对非专业能力这方面涉及很少，此类课程使大学生对于“应该做什么”有了一定的认识，但由于学时、教学内容与教学方法的限制，绝大部分大学生对于“应该怎么做”却仍然茫然无措，而非专业能力系列课程就弥补了这一缺失。

自2008年以来，武汉工程科技学院对职业素质教育及非专业能力课程体系进行了有益的探索，针对职业素质教育中非专业能力课程体系进行了研究，探索了课程体系建设实践中的目标、内容与方法，进行了通用能力素质公选课的教学实践，形成了实施效果良好的课程体系，并于2014年进入人才培养方案，成为公共必修课，对提升大学生的职业素质和非专业能力，完善应用型大学人才培养模式进行了有益的尝试。

在大学开展非专业能力教育具有以下三方面的重要意义：

1. 有利于学生成才

为学生成才提供良好的学习资源是大学的安身立命之本。大学生正处于职业准备期，要想在激烈的社会竞争中胜人一筹，在校期间必须为自己的职业生涯奠定坚实的基础。目前，普通高校中开设的课程很难满足学生的职业素质培养需求，使得刚毕业的大学生需要较长时间才能适应工作岗位。因此，只有加强在校学生的职业素质教育，在提升专业能力的同时，加强非专业能力教育，才能强化学生的职业竞争力，促进就业质量。同时，非专业能力较强的大学生，也具备良好的发展潜质与成就动机，在职业生涯发展中更容易克服困难，适应环境，迎接挑战，获得成功。

因此，大学期间，培养良好的非专业能力，顺利完成从校园人到职业人的转变，是大学生职业成功的基础。

2. 有利于企业发展

湖北省教育厅就业指导中心公布了一份毕业生选聘现状调查问卷，用人单位招聘应届毕业生的到岗率不足70%的占了将近一半，有两成多的用人单位到岗率不足50%，学生毁约现象比较严重。这些现象折射出大学生非专业能力的欠缺，导致企业用人风险与成本的增加。企业的发展后劲不足常常源于职业化人才的瓶颈。一个企业成功的关键，不仅在于资金与技术，更在于拥有一支具备较高职业素质的员工队伍。

因此，吸纳与凝聚具备较高职业素质的员工，是企业核心竞争力的体现，是企业发展的根本。培养具有较高职业素质的大学生以满足企业发展的人力资源需求是大学的使命。

3. 有利于社会发展

中国梦，归根到底是每一个中国人的幸福梦，而这幸福的构成中一定少不了的就是稳定就业。就业是关乎国计民生的大事，让每一个大学生具备良好的非专业能力，稳定就业，是家庭幸福的保障，是社会稳定的基础。大学人才培养质量是国家竞争力的体现，应届大学毕业生主要服务于一线生产、管理部门，要求大学生具备过硬的实践动手能力，扎实的专业基础知识，较强的职业岗位适应能力。大学在加强专业建设与学科建设的同时，认真研究应用型人才的培养模式，注重人才培养与企业需求的衔接，加强学生非专业能力的培养，才能使毕业生得到用人单位的认同,为企业创造价值,获得稳定的就业,也使大学在创出自己的特色和品牌的同时,推动区域经济进步,推动社会稳定发展。

三、非专业能力教育的理论基础

1. 哲学基础

马克思主义哲学有三个重要的组成部分:实践论、认识论、价值论。非专业能力课程体系的主要学习方法——体验式学习就是以实践为基础,实现认识的提升,使学习者的价值观不断完善。

从实践论来看,体验式学习强调的是"经历""体验",从中获取对现实生活有效的经验,这正符合了"一切认识都来源于并依赖于实践,实践是认识的源泉、动力、目的,是检验真理的标准"的实践论。

从认识论来说,实践引发了新旧认识的交替,认识是在实践基础上发生的,是由感性认识能动地上升到理性认识,又由理性认识能动地回到实践中去的复杂的矛盾运动过程。认识经过多次反复的实践—认识—再实践—再认识,才有可能获得对世界规律的认识。体验式学习使学习者在不断的体验与感悟中不断探索,实现认识的提升与心灵的成长。

从价值观的完善来说,认识的完善与行为的改变,是促使价值观改变的最根本因素,通用能力素质课程主要采用体验式教学,带给学习者最大的收获是在实践与认识的交替、冲击与磨合之后形成的积极的价值观体系,简单地说就是心智模式的重建,帮助学生将关注的焦点从"环境的不利,他人的缺失"转移到"我能做什么"上来。积极的心智模式为学生的职业能力培养与职业发展奠定了坚实的基础。

2. 心理学基础

非专业能力课程体系在心理学方面主要基于马斯洛与罗杰斯的人本主义心理学思想,以及近年来不断发展的积极心理学思想。教师的主要工作是营造一种有利于个人成长的氛围,如轻松愉悦的学习环境、相互信任的关系和鼓励支持的团体,激励学生的主动性,接纳他的个性,疗愈他在成长过程中的创伤,引导他建立积极的自我概念,在学习适应自我、他人和环境的关系的过程中,不断激发潜能,培养良好的个性品质,实现学生的人格完善,而不是简单地传授知识。

3. 教育学基础

体验学习(experiential learning)的思想最初来自美国著名教育家杜威(John Dewey)的"经验学习"。经验是实用主义哲学的核心概念,杜威认为:"经验包含一个主动的因素和一个被动的因素,这两个因素以其特有的形式结合着。"这两个因素就是体验(experience)和承受(undergoing)。体验是为求得某种结果而进行的尝试,承受是接受感觉或承受体验的结果。也就是说,只有当主动的尝试和被动的承受结合在一起的时候,才构成经验。他认为,要保障人类经验的传承和改造,学校教育就必须为学生学习知识提供一定的材料,而他们要真正获得真知，则必须通过运用、尝试、改造等实践活动来获取，这就是著名的"做中学"(learning by doing)。体验是以亲身经历、实践活动为基础，通过对经历、实践的感受、反思而实现的人格升华。只有通过反思内省，才能将活动与生活联结起来，找出其中所蕴藏的生命价值。因此，反思内省是体验学习的关键，透过反思内省，体验所形成的意义才可能与其他经验整合，从而形成一些新观点、新认识和新发现。从这个意义上讲，杜威的"做中学"应修正为"基于活动的反思学习"(learning from reflection on doing)。体验式学习就是在不断实践、感受、反思后产生顿悟升华，然后以新的认识指导实践。

4. 社会学基础

非专业能力课程体系注重团队学习，是以创建和谐、温暖、理解的团体心理氛围，使团体成员有强烈的安全感、肯定感和归属感，实现每个成员的成长和发展为目标。课程教学都是在团体中进行的，因为团体是真实社会的模拟。人际关系不良往往是许多心理问题之源，通过成员间的互动、学习、模仿、尝试探索新的行为方式，形成新的人际互动，解决生活中遇到的问题。这一理念来源于"群体动力学"创始人——德国心理学家勒温的"场论"和美国社会心理学家班杜拉的"社会学习理论"。

5. 大脑行为学基础

非专业能力课程不是简单的说教，而是注重经历和体验对人行为模式的改善，正符合了行为主义的基本思想。体验式教学模式的教育主旨就是"你拥有的超过你意识到的"，重在挖掘每个学生的潜力，要求每个人充分发挥出体能和心理上的潜力，经受一定难度的考验，最大限度地实现行为改变的目标。让每个学生相信自己拥有更多的勇气、力量、智慧，远多于他们自己认为的。通过大脑神经的生物特性与行为的联系，针对大脑的高级活动区——大脑皮质层不同的功能区来设计课程内容，以不同的体验加深大脑神经元的连接，刺激大脑功能的完善，促进认识的提升，通过认识促进行为习惯的改变。同时，不断改善的行为模式也会通过调节大脑神经介质的代谢水平改善认知、情感与意志的互动模式，修复大脑功能，促进大脑功能的完善，激发心理潜能，形成正确的职业理念与价值观，引发与职业要求相匹配的职业行为，并形成良性循环，实现非专业能力的持续提升。

6. 管理学基础

国外学者和权威机构在20世纪70年代就开始了企业员工可雇佣性的研究，提出可雇佣性的USEM模型：专业理解力(知识)、技能(包括关键技能)、自我效能感(包括自我发展意识)、元认知(包括学会如何学习的能力)。研究的主要视角包括：将可雇佣性与个人工作能力相联系；将可雇佣性看成个人准备进入工作的相关因素；将可雇佣性看成与个人适应能力相关；将可雇佣性看成与个人特点有关，但同时也将可雇佣性看成与劳动力市场状况有关；将可雇佣性与企业/雇主的要求相关，即个人的可雇佣性取决于其是否具备满足企业或雇主需要的知识、技能、能力和其他特性。英国学者 Knight & Yorke 研究的由雇主认可的技能和属性也具有一定参考意义，它包括个人品质(自我理论、自我意识、自信、自主、情商、适应性、忍受压力、积极性、愿意学习、思考)、核心技能(有效阅读、数字、信息恢复、语言技能、自我管理、关键分析)、创造性(听、书面沟通、口头表达、解释、全球意识)、处理技能(计算机、商业意识、政治敏感度、伦理敏感度、跨文化工作的能力、优先排序、计划、应对不确定性和复杂性、道德的行为、问题解决、解决冲突、决策、协商、团队等)。

最能代表国际性观点的应该是美国培训与发展学会(ASTD)的观点。虽然该学会是美国组织,但参加该组织的成员是国际性的。ASTD 研究的结果是可雇佣性包括基本能力(阅读、写作、计算)、沟通技能(说、听)、适应性技能(解决问题、创造性思考)、开发技能(自尊、动机、目标设定、职业生涯规划)、群体效果技能(人际技能、团队工作、协商)和影响技能(理解组织文化、共同领导)。

虽然中外企业所处的阶段不一样,但企业对员工可雇佣性的需求大多数都是对员工非专业能力要求的体现。以上这些研究成果为我们进行非专业能力课程体系的设计提供了较为充分的依据。

四、非专业能力课程体系的形成

非专业能力课程体系在理论的指导下,立足实践,在企业调研中了解企业对人才最重视的能力素质,在课程目标中涵盖这些关键点,区分这些关键点在大脑中对应的功能区,筛选对这些功能区的功能改善有效的训练方法,结合大学生在不同阶段的心理发展规律,以及职业人需要具备的相关职业发展知识进行课程设计,并在公选课的试点授课过程中进行教学内容的完善与教学方法的探讨。

在近 10 年的课程研究与开发过程中,开展了企业调研,研究了非专业能力对职业发展的影响,规划与建设非专业能力课程体系,研究适应当代大学生特点的素质教育教学方法,进行了试点教学,不断总结完善课程体系。2014 年,武汉工程科技学院成为湖北省首批应用技术型大学转型试点,对接社会需求和应用型人才的培养需求,对人才培养方案进行了改革,非专业能力系列课程正式成为公共必修课。

在调研中发现,参与调研的企业每年都会招聘应届毕业生,这些企业普遍反映聘用应届毕业生的成本太高。综合各企业的意见,他们对员工的职业素质要求集中体现在以下方面:积极主动、诚信负责、遵守纪律、团队合作、沟通能力、学习能力、灵活性/适应能力、耐受挫折、时间管理、关注目标、专业技术、动手能力、情绪稳定、人际交往能力。

企业对员工的要求除专业技术外,基本属于职业素质中通用能力素质的范畴。通过综合分析,我们认为成长型企业在快速发展的过程中对人员的需求量大,素质要求较为全面,不仅能满足企业现实的需要,更要为未来的发展作好储备。同时,在发展初期,生存环境比较恶劣,变数较多,需要员工应变能力强,学习能力强,能适应多个岗位的要求。因此,应届毕业生如果没有较高的非专业能力,专业能力也无法更好地发挥,就无法在一个企业扎根,与企业共同发展,很容易成为跳槽专业户,很难积累优质的职业经历,最后沦为“蚁族”。

因此，在高等教育已经由精英教育进入大众教育的今天，大学生在已经具备专业知识和技能的基础上，必须通过非专业能力教育，使自己在职业素养、职业行为和职业通用技能三个方面得到全面提升，从而使专业能力得到更好的发挥，成为优秀的应用型人才，为顺利进入职场、满足社会与企业的用人需求打好基础，同时也为进一步提升履职能力和把握职业发展机会做好准备。

第二节　如何学好非专业能力课程

一、非专业能力课程体系设计的基本思想

首先，非专业能力素质课程注重学生社会技能的培养，着力点在于改变学生的心智模式，在团队互动中引导学生积极思考，实现个性的充分发展，使学生作为一个健康而完整的个体，与环境和谐共存，去追寻职业发展的成功与人生的幸福。因此，学生在课程中不仅能感受到学习的快乐，更能感受到心灵的成长，这种成长帮助学生将关注的焦点从“环境的不利，他人的缺失”转移到“我能做什么”上来。积极的心智模式将有助于学生形成良好的职业价值观，为学生的职业能力培养与职业发展奠定了坚实的基础。在此基础上培养学生处理人际关系的能力、公共关系能力、组织协调能力、交流合作能力、适应能力以及社会责任感等。

其次，非专业能力素质课程注重方法技能的培养，培养学生自我管理与自我发展的能力、独立思考的能力、获取新知识新技能的能力、解决问题的能力、创新能力等，这些能力是学生在职业生涯中不断获取新知识与技能、掌握新方法，有效运用专业技能的重要基础，能提升学生的职业竞争力，使学生在踏上职场后能有效缩短职业适应期。

最后，非专业能力素质课程按照学生在大学不同阶段的发展需求来设计，相互之间有机衔接，密切联系，分阶段循序渐进，系统塑造，使学生顺利实现从校园人到职业人的转变，成为高职商、高情商的职业人。

二、非专业能力系列课程的培养目标

非专业能力素质课程包括职业潜能、自我探索与自我管理、人际沟通与公众表达、团队协作与情商提升、工作方法与问题解决、职业形象与求职就业六门必修课，主要目标是通过系统训练提升大学生的职业素养、职业行为与通用职业能力，使之具备无法被轻易取代的职业化核心能力，在素质、态度、行为与表现等方面基本达到职业人的要求。具体来说，在不同时期、不同课程中，主要使学生达成以下目标：

①职业潜能课程,相对应的成果是激发学生职业潜能,增强自信心,培养积极的职业意识与职业态度;培养自我突破的革新意识与执行力,提升挫折耐受力与适应能力;培养纪律意识与责任意识,掌握一定的道德自省与评判能力。通过职业潜能课程的学习,大一新生能迅速融入校园,激发潜能,提升学习动力,建立自信,以积极的心态开始大学生活。

②自我探索和自我管理课程,相对应的成果是让学生能安排自己的学习和工作任务,承担责任;通过自我评估、职业定位、自我规划,确定个人的发展方向和获得多样性的技能来适应新的和多变的环境,培养良好的职业习惯与终身学习的能力。学生在熟悉校园之后,进一步发现自己的优势与劣势,认识自我探索与自我管理的关系和意义,制订行之有效的学习计划,培养积极的职业规划意识与态度,也使大学生活更有目标,为今后的职业决策奠定坚实的基础。

③人际沟通与公众表达课程,相对应的成果是通过可视性和灵活性的方式表达信息,用书面形式交流和用语言或形体参与交流;掌握公众表达与人际沟通的基本方法与技能。人际沟通与公众表达课程旨在培养学生良好的沟通心态,提升沟通中的倾听、情感表达、非言语交际的技能,掌握朗诵、演讲、交谈、辩论、求职和自荐等口语表达的技巧。学生通过沟通能力的提升,为自己营造一个良好的成长环境。

④团队协作与情商培养课程,相对应的成果是培养领袖思维,让学生成为自己情绪的主人,成为自己生命的领袖,成为团队中的领袖;学会尊重他人的价值观、看法和意见,尊重个体和群体之间良好的合作交往,提升团队中的计划、组织与协作能力;学习如何有效转化负面情绪,培养良好的情商,提高处理生活与工作中的各种关系、有效进行团队协作的技巧与能力。通过团队协作与情商培养课程的学习,学生不仅能处理大学生活中的人际关系,也能更好地适应将来职业发展对团队协作能力的要求。

⑤工作方法与问题解决课程,相对应的成果是掌握基本的工作方法,使用信息与资源,处理复杂的常规和非常规工作,解决常规问题;提升目标管理、时间管理的能力与问题解决的能力;促使学生打破思维上的局限,在前期自我认知的基础上,明晰目标管理和时间管理的真正意义与实践方法。通过工作方法与问题解决课程的学习,学生将学会如何以更有效的方式接受上级委派任务,并解决问题,保质保量地完成工作。

⑥职业形象与求职就业课程,相对应的成果是掌握商务礼仪要求,进行自身的职业化塑造,分析自身条件、求职意向及就业市场信息,掌握求职材料准备与面试技巧。在前期课程的基础上,既能让学生在职业理念上得到提升,又能在职业行为与职业造型上得到模拟训练,并系统指导学生的求职面试,使学生在面试时表现出自己最优秀的一面,更能在今后的职业发展中提高自身的职业品牌价值。

三、非专业能力课程教学方法

非专业能力课程在教学方法的选择上遵循大学生的认知与行为发展特点,参照企业对职业化人才的要求,依据心理学、教育学原理,采用体验式学习与团队学习相结合的教学模式,将讲授与训练相结合,教学方法上采用行为导向教学法与项目教学法相结合,教学内容结合典型工作任务,教学过程以学生为中心,将课堂讲授、案例分析、情境模拟训练、小组讨论、角色扮演、调查分析等教学方法有机融合。

中国古代将“体验”解释为“以身体之,以心验之”。也就是说,仅有学习者的身体力行(“体”)是不够的,更重要的是学习者对学习经验的领悟、体察和反思(“验”)。体验是以亲身经历、实践活动为基础,通过对经历、实践的感受、反思而实现的人格升华。只有通过反思内省,才能将活动与生活连接起来,找出其中所蕴藏的生命价值。因此,在教师引导下的反思内省是体验学习的关键,通过反思内省,许多思考的碎片才得以重组,体验所形成的意义才可能与其他经验整合,从而形成一些新观点、新认识和新发现。

大学生在校期间体验职场氛围有一定难度,而踏入职场又往往缺乏指导,就业适应期较长。因此,非专业能力素质课程不强调深奥的理论,而侧重于加强学生由“知”到“行”的转化,融挑战性、教育性、实用性为一体,以非专业能力素质提升为目的,提供模拟的职场挑战和高峰体验,营造有利于学习的职场氛围,使大学生学习更加投入,在激励中加速所学知识技能的有效转换。

四、非专业能力课程学习中应注意的关键点

由于非专业能力课程注重由知到行的转化,因此,与传统的应试教育在学习和考核方法上有很大的差异。要有效达成学习目标,总体要求就是“直面挑战,积极行动,深刻感悟,自我突破”。具体来说,要做到以下三点:

1. 积极投入,不做旁观者

在非专业能力课程中,非常注重学生的体验,在课程中没有旁观者,所有的学生都必须积极投入,在课程体验中不断进行自我探索与自我反思,并在此基础上实现知行合一的突破,以实现非专业能力的提升。

2. 团队学习,相互协作

非专业能力课程的所有学习都是在团队中完成的,在学习过程中,要通过团体的互动,在体验—感悟—实践—再反思中唤醒自我意识。同时,也要以他人为镜,不断产生新经验、新认识,强化自己的团队意识与协作能力,和团队共同成长,并由此发展自己的适应能力,形成积极的职业态度,促进非专业能力的持续提升。

3. 领袖思维,自我管理

未来社会,最难以复制的能力是领导力。具备领袖思维的人,更容易在人生发展中坚定前行,也更容易在团队中承担责任,在团队的整体目标达成过程中实现自我的价值。在学习本课程的过程中,不要自我设限,要勇于自我挑战和自我突破,要注意遵守团队规则,做好自我管理,时刻注重培养自己的领袖思维和慎独精神,知行合一,将课程中所学所悟运用到生

活、学习和工作中。

延伸阅读

大学生应该培养哪些核心竞争力

自从在简书上写了第一篇爆文:“90后”高校教师给迷茫大学生的一些建议,就有很多朋友问我,到底大学生学习生涯的这几年应该培养哪些技能,才有竞争力。

对于这个问题,我也思考了很久。如果说大学四年,学习成绩决定一切,那断然不是。因为我见过很多成绩差,但出了学校依旧发展很好的人。如果说证书多才是核心竞争力,那也说不过去,因为真的有人仅凭着一张毕业证就闯天下。

学习成绩优良与否,证书多与不多,无法单独证明一个人的能力,反而是一个人的综合素质最重要。

那么,如果想培养自己的核心竞争力,提高自身综合素质,应该着重培养哪些能力呢?

一、尊重他人的能力

在工作中,为什么领导有时候会说:“这个员工,我对他印象很好!”

印象是什么?教育心理学上说,印象是认知主体头脑中有关认知客体的形象。印象实际上是在日常积累中产生的。在有意识中积累,也在潜意识中积累。你想赢在起跑线,给人一种“说不出”的好感,就得在“说不出”的地方下功夫。

这种“说不出”的好感,其实就是尊重他人的能力。

尊重他人,不仅能够体现出你的个人素质,还能够让别人看出你的成熟度。

咪蒙早期的一篇热文《情商高就是懂得好好说话》也提及尊重他人的重要性。咪蒙提及的几点关于如何尊重他人的建议,我觉得特别好:

①请别人帮忙的时候,千万不要用命令的语气说话,加上“好吗”两个字,就变成商量的语气,对方会觉得更被尊重。

②不要说“我早就告诉你了”“我就知道会这样”。

③即使是对最熟悉、最亲切的人,请依然保持耐心。倾听是一种高涵养的表现。

刘墉在《你不可不知的人性》一书中提及:人性有卑劣也有崇高。追溯到人性的根本上来看的话,每个人都想赢得别人的尊重。

所以在为人处世里,记得:请别人帮忙多说“谢谢你”;当别人的选择错误,而你的选择正确时,别去耀武扬威;用自己的修养去尊重他人,用自己的实力去赢得别人的尊重。

二、独立思考、判断能力

有人问登山者为什么要登山,“因为山在那”。

有人问王小波为什么要写作,“因为我觉得我能写好”。

大学生应该培养的第二种核心竞争力,我认为是独立思考、判断的能力。如何才能做到呢?

1. 不要盲目从众

我见过很多学生，大一刚进校时斗志昂扬，参加学生会、竞选班干部、拿奖学金。到了大二，峰回路转，旷课、打牌、通宵打游戏。一问才知道，原来他是因为宿舍里其余几个人都是这么过的，他不想自己被"孤立"，只能融入他们的圈子，所以选择与他们过同样的生活。

大学生一般受所处群体的影响，容易随大流，形成依赖思想，产生从众心理。有时候，盲目从众会产生一系列负面行为，形成不思进取、安于现状的负面状态。所以在大学生涯里，最重要的是要有独立的见解和思考。不能因为别人都在通宵打游戏，你也打；别人都在旷课，你也旷课。

形成自己的独立见解，学会判断是与非、判断好与坏，不要盲目跟从，这是最重要的。

2. 父母的意见固然重要，而你自己才是你生命的主角

生活中，你可能会遇到来自朋友、家人和同事的种种压力，要求你走一条容易走的路，顺从一种普遍流行的做法。可能你会收到一些建议，"考个公务员吧，那是个铁饭碗"，或者"读××专业吧，听说就业率很高"。

新精英职业生涯规划师创始人古典，在《拆掉思维里的墙》一书中说过这样的话："每个人都是自己生命之舟的掌舵者，我们往往会因为外界态度而改变自己的意愿。不管是多诚恳，都不要把你的舵放在他人手上。"

从我们整个人生视角来看，真正能够决定你人生的是你自己。别人能够给予你的只有建议，最能够决定以后工作方向的，只有你自己。所以尽早培养出自己的独立见解。

三、自我管理能力

自我管理能力，指的是你能够有意识、有目的地对自己的思想、行为进行转化控制的能力。

如何更好地管理自己？

1. 高效利用碎片时间

能够充分利用时间的人无形中多出一大段生命，你也许会发现这样的人似乎玩得不比你少，学得不比你多，但不知怎么的就是比你走得更远。

《暗时间》一书中有这样一句话："每个人的生命就像沙漏，里面装的沙子总量相当。不同的是，有的沙漏颈部较细，有的沙漏颈部较粗。颈部较细的沙漏能够抓住每一粒时间之沙，即使沙子总量一样，也能拥有更长的生命。"

人的一天中，碎片时间占了很大比例。比如一个典型的上班族，每天的上下班时间、吃饭时间、上厕所时间加起来不下 1 小时，如果能稍加利用，每天 1 小时汇聚的力量会很强大。

别人的睡前十分钟在写反思日记，在看书。你的睡前十分钟在刷手机、刷朋友圈。别人的清晨十分钟在写清晨日记，在看书。你的清晨十分钟依旧在刷手机、刷朋友圈。循环往复，日积月累，你与别人的差距已然不是一点点。所以高效利用碎片时间，也是大学四年应当重视培养的一种能力。

2. 做好多任务管理

计算机领域里有一个专业名词叫作多任务操作系统，指的是计算机系统一次可以运行或提交多个作业。

我们如何掌握这种多任务管理能力呢?

比如，你可以学学《把时间当作朋友》的李笑来老师，在跑步的时候听音乐；或者也可以养成良好的习惯，等公交车时看书，等等。将两个任务放在一起并行处理，也是一个管理自我的好方法。

四、公众演讲能力

公众演讲能力其实是思想、语言、逻辑、记忆力等多方面浓缩的表现。好的口才，好的演讲能力能增强个人气场，达到事半功倍的效果。

尼克松曾经说过："如果能够重进一次大学，我会首先学好演讲和说服这两门课。"

公众演讲能力在职业生涯中会经常碰到，比如有时公司领导要求你对你的设计思路进行阐述，或者在公司年度、季度例会上，你可能需要作述职报告。这些活动都涉及公众演讲能力，可见培养演讲能力对今后的工作至关重要。

对于提升公众演讲能力，推荐大家阅读以下几本书：《乔布斯的魔力演讲》(卡迈恩·加洛)、《用图秀演讲》(丹·罗姆)、《演讲与口才》(卡耐基)。

五、长期深度阅读与写作能力

1. 阅读

《文心》一书中，叶圣陶老人家就说过："阅读，就是将行动和看书打成一片。"

阅读的功效是最大的，同时它能够帮助你在短期内快速提升自己。阅读的意味主要就是通过与别人对话，读别人的故事来与自己对话，丰富自己的人生。

明天将运载着什么东西而来? 不到明天，谁也不知道。所以在未知的明天即将来临前，给自己多储备些知识准是没错的。

2. 写作

现在谈到写作似乎是一个很火的话题，特别是在当下自媒体时代，不论是口头语言表达还是书面写作，能够找到合适的词汇与表达方式来阐述自己要传达的信息，都是在现代社会立足所必需的一项重要能力。

教古典文学的老师说过，写作是为了记录曾经思考的痕迹。

有人通过写作来与自己对话，帮助自己理清复杂混乱的思绪；有人通过写作来记录生活，记录感想；有人通过写作，让自己思路更清晰，思维更全面，思考更深入。

所以，趁大学四年这段最自由美好的时光，将你的专业知识融入你的写作，把你生活经历的方方面面用来创作有趣的故事吧。

六、沟通技能

一个具有良好沟通能力的人,可以将自己所拥有的专业知识及专业能力进行充分的发挥,并能给对方留下良好的印象。沟通能力经常是职场人士成功的保证和晋升的阶梯,有时候恰如其分的沟通效果更是人们判断沟通能力的基本尺度。所以大学四年,提升沟通技能也是很重要的。

关于提升沟通技能,可以借鉴以下几本书:《沟通的艺术》(罗纳德·B.阿德勒)、《高难度对话》(道格拉斯·斯通)、《身体语言密码》(亚伦·皮斯)、《内向者优势》(玛蒂·莱利)。

七、基本礼仪

"要做事,先做人",这是古往今来的职场信条。对于即将步入社会的大学生,学些基本礼仪是必要的。从基本礼仪中,很容易看出一个人的文化修养以及职业专业度。比如,在谈话中,使用外语和方言,需要顾及谈话的对象以及在场的其他人。假如有人听不懂,那就最好别用。当谈话者超过三人时,应不时同其他人都谈上几句话。再比如,现在有很多年轻人喜欢时不时就"抖腿"。关于"抖腿",闽南人有一句俗语叫作"男抖穷,女抖贱"。在职场的正式场合,最好摒弃这一坏习惯。试想一下,当你和你的领导在办公室商谈方案,而你时不时不自觉地"抖腿",在别人眼里,你会是什么形象?所以,大学几年,学些基本礼仪也是必要的。

八、写在最后

作家李尚龙的书中有这样一句话:"搞废一个人的方式很简单,给你一个安静的狭小空间,给你一根网线,最好再加一个外卖电话。好了,你废了。"

我见过许多大学生,旷课的日子里睡一整天,只需要一部手机,一张床,就能消磨掉全部的好时光。

这样的年轻人,将二十多岁活成了五六十岁。

人生,有意义吗?现在开始,还不晚。

兴趣决定你的方向,能力决定你的高度。甩掉手机,赶紧培养属于你自己的"核心竞争力"吧。

(资料来源:中国职业教育,2016-08-21.)

本章小结

职业素质是一个人职业生涯发展的关键因素之一,非专业能力是职业素质的重要组成部分,包括职业素养、职业行为规范与职业通用能力,即职业素质中除职业资质与专业技能以外的能力素质,是大学生所修专业以外的各种有利于自己全面发展的能力。这种能力具有普适性,不同专业的学生可以有相同或相似的非专业能力。

非专业能力素质课程按照学生在大学不同阶段的发展需求来设计,课程体系由职业潜能、自我探索与自我管理、人际沟通与公众表达、团队协作与情商提升、工作方法与问题解决、职业形象与求职就业六门必修课组成，相互之间有机衔接、密切联系，分阶段循序渐进、系统塑造，帮助学生顺利实现由校园人到职业人的转变，使之成为高职商、高情商的职业人。

非专业能力素质课程在教学方法的选择上遵循大学生的认知与行为发展特点，参照企业对职业化人才的要求，依据心理学、教育学原理，采用体验式学习与团队学习相结合的教学模式，将讲授与训练相结合；教学方法上采用行为导向教学法与项目教学法相结合，教学内容结合典型工作任务，教学过程中以学生为中心，将课堂讲授、案例分析、情境模拟训练、小组讨论、角色扮演、调查分析等教学方法有机融合。

由于非专业能力课程特别注重由知到行的转化，因此，与传统的应试教育在学习和考核方法上有很大的差异。要有效达成学习目标，总体要求就是"直面挑战，积极行动，深刻感悟，自我突破"。具体来说，在学习过程中要注意：积极投入，不做旁观者；团队学习，相互协作；领袖思维，自我管理。知行合一，将课程中所学所悟运用到生活、学习和工作中。

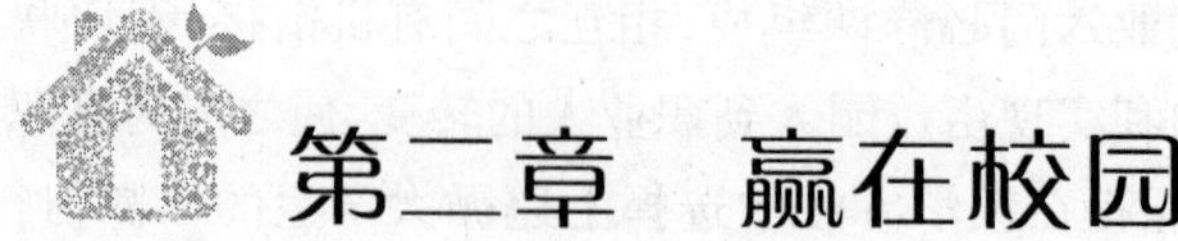

第二章　赢在校园

［学习目标］

1. 了解当代大学生的特点；
2. 了解大学生就业环境；
3. 了解大学教育需要完成的主要任务；
4. 学习如何适应大学生活。

［导入］

“90后”“00后”由于受成长环境的影响，他们的个性、思想、行为、价值取向、心理和需求等都呈现出许多新特点。同时，随着各高校招生规模的不断扩大，就业形势的日益严峻，大学生就业成为社会关注的热点。当今大学生的就业途径主要是双向选择，除了大学生个人对就业单位的选择外，就业单位，尤其是比较理想的就业单位，对人才的选择都是非常严格的。要想在择业上取得成功，弄清和把握用人单位的择业标准，努力提高自身素养，满足用人单位需要，是较积极、经济的对策。“满足社会需要”是高等教育的目的之一。既然社会需要具有较高职业素质的毕业生，那么，高校教育应该把培养大学生的职业素质作为重要目标之一。大学新生也应充分关注就业，以终为始，了解大学教育需要完成的主要任务，迅速适应大学生活，对自己的大学生活做好规划。

第一节　当代大学生的特点与就业环境

当代大学生所要经受的考验不比以往任何一代人少。在物质和精神交锋越来越激烈的今天，他们的主人翁意识和对成功的渴求更加强烈。自主、自由的先天气质，使他们对主导整个社会有着更大的兴趣。每一代人都有自己的性格特质，他们当然有自己的缺点，但也有自己的优势。他们还在不断地成长，也在不断地加深对自我和世界的认识。更加全面地认识自己这个群体的特点，有助于这个充满活力和可塑性的群体对自己的大学生涯进行更好的规划和设计。

一、当代大学生的特点

1. 主流思想积极向上，但存在一定个体差异

当代大学生的思想主流呈现出积极、健康、向上的良好态势。他们具有较强的社会责任

感和强烈的民族自信心和自豪感。他们思想活跃，善于思考，接受新生事物快；他们关注国家社会大事，崇尚良好的社会公德，渴望良好的人际关系，呼唤诚实守信和感恩，注重个人职业理想等。与此同时，随着改革开放以来社会体制的转型和价值观念的多元发展，当代大学生的家庭背景、个性心理、理想追求等方面的差异越来越大，思想的多样性、差异性明显增强。

大部分学生关心时事政治，关注国计民生，对祖国和人民怀有深厚的感情，但小部分大学生重专业轻政治，国家、民族观念淡薄，理想信念缺失；大部分学生能正确看待个人利益与集体利益、国家利益的关系，积极参与志愿服务等公益活动，但小部分大学生却只讲个人利益，公德意识和社会责任感淡薄，对道德失范现象不满，但在道德选择和评价上存在着矛盾和困惑；大部分学生能自觉遵守道德和法律规范，展现出新时期大学生的良好风貌，但也有一些大学生唯利是图、不讲诚信、不择手段，甚至有个别人参与违法活动。例如：在面对各种标以"新潮、另类、个性"的言论和行为时，不少学生会陷入困惑和迷茫；考试舞弊、逃避返还国家助学贷款的义务等现象的存在，反映了极少数学生诚信的缺失。

2. 高度关注个人价值，人生追求多元化并趋于现实

在市场经济条件下，当代大学生处世态度日趋务实，自身利益和个人价值被高度重视，价值追求和行为选择的实用化、功利化倾向日益明显。此外，大学生的人生理想追求趋于多元化。大部分大学生对通过努力达到理想的人生目标表示"很有信心"或"有信心"。但是相当多的大学生的理想带有浓厚的功利色彩，讲究实惠、实用的思想相当普遍。主要表现在：在入党动机上，是为谋取好职业或增强自身的竞争力；在择业观上，从原来的服从国家需要到今天的自我价值的实现，不太愿意到边疆、基层等国家最需要的地方去，而是想到国外或进入外资企业；在人际关系上，从原来的以人情、友谊关系为重，到今天的以经济利益关系为重的功利化倾向。一部分同学觉得生活没有意义，处在一种茫然混沌的状态中；还有一部分同学觉得"学习无动力，生活无目的，无聊苦闷"；有的大学生不明白"人活着究竟是为了什么?"物质丰富的同时，幸福感却缺失了。

3. 独立意识强，情感丰富而强烈，但心理承受能力较弱

"90后"与"00后"大学生不同于"70后""80后"大学生那样具备较强的集体观念和家庭观念，当代大学生在个性上有较强的独立意识，渴望摆脱对他人的依附以及他人对自己的左右和牵绊，他们迫切地要求表达自己的想法，对许多事物倾向于持批评的态度。在急剧变化的社会环境下，竞争压力日益增大，大学生群体的思想焦虑现象日渐增多。对就业状况的调查结果显示，有近20%的同学对金融危机背景下成功就业表示"信心不足"。从心理健康调查问卷的数据上可以看出，部分学生由于尚不具备成熟的心理素质和承受能力，心理准备不够，信心不足，心理调适能力差，不能解决面临的问题，少数大学生不同程度地出现了心理问题与心理障碍。

不仅如此，伴随着生理与心理的日趋成熟，他们从封闭、狭小、压抑的中学环境步入了大

学这个开放、广阔的知识殿堂,他们眼界开阔起来,也产生了新的需要,国内外政治经济的发展变化、自我发展设计、人际交往、婚姻伴侣选择等,都成了他们关注的对象。他们开始用自己青春期所特有的感知世界的方式去观察事物,去体验各种复杂的情感变化。但当代大学生中独生子女的比例较高,又没有经过有效的心理教育和社会适应性教育,这一切使他们容易表现出对大学生活的适应能力不足、心理素质较差、缺乏进取精神和承受力。作为独生子女的他们,背负着更多父辈的期望,他们经历了高考的独木桥,也面临着高校扩招和就业带来的巨大压力。当理想与现实发生冲突的时候,他们会感到迷茫,进而消极应对甚至表现出颓废。

4. 学习能力强,实践能力较差,身体素质较差

一方面,随着科学技术的高速发展,特别是网络教育的普及,知识的传播和接受形式发生了根本的变化。学生接受知识的形式已由单一的课堂型向全方位的社会型转变,互联网环境下的学习,使得知识与技能的获取具有更多途径。在这种背景下,当代大学生更易于接受新知识、新思想,他们不迷信权威,敢于提出自己的独到见解,勇于探索和创新;他们密切关注社会变化和科学技术的飞速发展,并表现出极大的兴趣;他们对先进技术和知识有着特有的直觉和敏锐,有着强烈的求知欲和较强的学习能力,他们可以利用各种各样的手段获取新知识。但另一方面,不同于20世纪七八十年代的大学生那样注重实践动手能力,当代大学生动手能力较弱,且缺乏积极参与科技和社会实践的意识。目前,“90后”大学生多为独生子女,很少参加实践活动,通常表现为缺乏实践经验,实际解决问题的能力比较弱。

当代大学生的身体素质亟待提升。大学校园里,一些学生不能参加正常的体育课,天气稍有变化就会感冒发烧;每年的新生军训,总有学生晕倒。有些大学的校运会纪录还是20世纪80年代的,至今无人打破。正如北京师范大学一位校领导所说的:“大学生中看球的多,踢球的少;化妆的多,健美的少;讲营养的多,讲锻炼的少。”

二、大学生就业环境

自1999年大学开始扩招以来,我国大学生就业形势就不容乐观。近年来,大学生就业已成为社会各界广泛关注的热点话题。大学生就业问题日趋严峻,当前就业形势更不容乐观。

1. 就业竞争的主要力量

1)在竞争对手中争取有利位置

大学生就业过程中的主要竞争对手有三个:研究生、留学生、寻找职业的经验丰富者。

随着社会经济发展,我国产业结构升级是必然趋势,对受过高等教育人员的需求较大。相比较而言,用人单位对在受过高等教育的人员中占绝大部分比例的大学生的需求量将会更大。

与上述三个主要竞争对手相比,大学生对用人单位的待遇、福利、工作环境等求职要求

更低，更容易让用人单位接受。

目前，“大学生就业难”问题已引起社会各界的极大关注，社会舆论向大学生倾斜。

图 2.1　招聘

2）新加入者的威胁

据统计，自 2001 年以来，我国大学生招生规模逐年递增，图 2.2 是近几年来应届大学生毕业人数示意图。

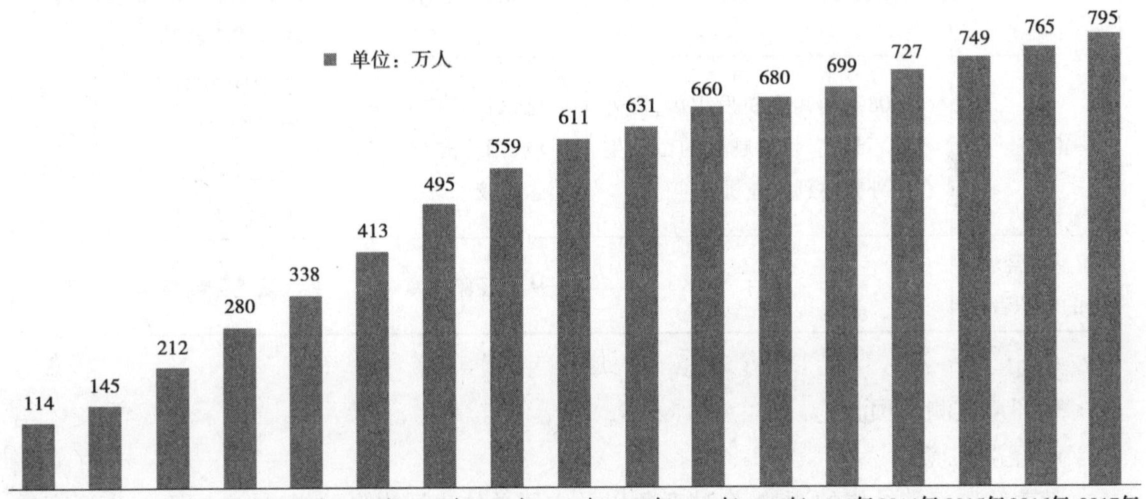

图 2.2　2001—2016 年全国高校毕业生人数

随着每年高校招生规模的扩大，今后每年应届大学生毕业人数会不断增加，与此相伴的是大学生之间的竞争会越来越激烈。

3）用人单位讨价还价的能力

为获得职位，大学生应聘时对用人单位的要求降低。用人单位在相当程度上可以对大学生所提出的待遇及其他要求进行讨价还价。用人单位将制订一些标准来衡量大学生的综合素质,这些标准通常用来决定求职者是否被录用。

4)高校讨价还价的能力

在中国目前的教育体制下,考大学依然是绝大多数高中生的选择。一、二、三类高等院校的大学毕业生之间的竞争力也不同。

5)替代者的威胁

研究生、留学生、有从业经验的求职者的增加扩大了用人单位的选择范围。近几年来,大学生就业形势越来越严峻。为了获得工作,大学生不得不努力提高自己的综合素质,降低自己的求职要求,与研究生、留学生、有从业经验的求职者竞争,最终受益的将会是用人单位。

2. 就业竞争状况

表 2.1　各类求职者的竞争状况

类　别	就业形势	相对竞争优势	相对竞争劣势
大学生	就业形势严峻,越来越多的大学生面临一毕业就失业的情形,每年待业人数都在增加	对企业的福利、待遇、工作环境等相关要求较低	实践经验太少,眼界比较狭隘
研究生	就业形势大不如前	专业素质较高	实践经验太少,对企业的福利、待遇、工作环境等相关要求较高
留学生	2008 年金融危机发生后,国外经济不景气,越来越多的留学生在国外找不到就业机会	见识比较广,对海外环境、国外先进的思想理念比较了解	实践经验太少,对企业的福利、待遇、工作环境等相关要求较高,对中国现阶段的一些体制不太适应
有从业经验的求职者		从业经验丰富	缺乏创新意识

3. 环境监测与预测

1)经济环境

随着我国经济结构的调整,全球竞争以及中国总体生活水平的提升,中国不能永远享受劳动力成本的优势,产业结构升级是必然趋势,对受过高等教育的专业人员的需求有比较大的空间。一个突出的例子是国家创新战略,这将使我国 21 世纪的社会经济发展在很大程度上有赖于基于长期人力资本投资而形成的高端劳动力群体。

具体来说,经济增长与产业结构升级将为大学生就业创造广阔的空间。我国人口较多,其潜在的经济需求是极大的。更关键的是,通过近 40 年的改革开放,这些需求已经被成功启动,首先在大中城市,然后是沿海的小城市与农村地区,随之而来的将是广阔的中西部地区。中国同时兼具农业社会向工业社会转型、工业社会向信息社会转型,工业基础设施与信息基础设施的建设都是最为关键的经济发展平台。在未来很长一段时间内,这都将是吸引就业的一个重要渠道。

中国经济继续快速增长将会导致就业的有力拉动。据统计,2017 年中国国内生产总值(GDP)达 74.4 万亿元,比上年增长 6.9%。其中一半以上的增长来自政府主导性支出。按照目前的就业弹性系数计算,GDP 每增长一个百分点,所能拉动的就业增量是 150 万人左右,也就是说,如果中国经济总体发展态势良好,就会为新增就业岗位,为吸纳劳动力奠定坚实的基础。预计往后中国的经济将继续以 7% 左右的速度增长。这样的话,每年新增的就业岗位至少将会达到 1 000 万个以上。比较而言,这对高学历求职者的就业形势将会更为有利。

2)政治环境

为了增加就业机会和控制失业率,政府采取多种措施,比如:增加就业的可能性;完善就业服务,加强劳动力市场建设;发挥市场在劳动力资源配置中的基础性作用;发展面向新兴产业和现代服务业的职业教育和培训;落实和完善再就业优惠政策等。政府就业政策的持续优化将会为大学生从学校到工作岗位的转换创造更好的就业环境。

2009 年,我国政府明确提出把高校毕业生就业摆在当前就业工作首位,专门下发《关于加强普通高校毕业生就业工作的通知》,出台鼓励毕业生面向基层就业、入伍服义务兵役等七方面重大政策。中央有关部门相继出台具体措施。例如:人力资源社会保障部实施了毕业生就业推进工程,三年百万见习计划等;财政部针对到中西部地区基层就业和入伍服义务兵役的毕业生出台了新的学费补偿和助学贷款代偿政策;商务部积极争取资金支持,出台鼓励服务外包企业吸纳毕业生政策;科技部出台政策,鼓励重大科研项目承担单位吸纳毕业生;公安部出台了毕业生士兵退役后户口迁转比照应届毕业生办理等优惠政策;总参谋部启动毕业生预征制度,出台政策鼓励毕业生入伍服义务兵役;团中央扩大实施“西部志愿者计划”,妇联、残联等出政策、出资金、出项目,加强对困难职工家庭毕业生、女大学生以及残疾人毕业生的就业援助。大学毕业生人才资源开发的力度正在逐渐加大。共青团中央、教育部从 2003 年开始共同实施“大学生志愿服务西部计划”。这是根据《国务院办公厅关于做好 2003 年普通高等学校毕业生就业工作的通知》等精神作出的决定。财政部、人事部给予相关政策和资金支持。这是开发大学毕业生人才资源服务西部大开发战略的重要举措,而且在未来时期的工作力度将会加大。据统计,2017 年大学生志愿服务西部计划的人数超过 18 万人。

3)社会环境

“大学生就业难”的问题已引起各个社会组织的重视,并采取了应对措施。

用人单位完善自身发展环境,进行企业结构调整和优化升级,以增强自身实力,加大对人才的需求。大部分企业在高校建立定制培养班,按照自身的要求和实践培养大学生,然后招募其到本企业工作,或企业的人直接到民营教育机构进行授课并对学生进行技能训练。

高校转变观念，把握教育国际化的潮流，加强世界高等教育领域的交流与合作，全面提高办学水平。高校应树立正确的教育目标，积极培养大学生的知识和能力，培养具有不断追求真理、追求科学的精神，综合素质优秀的大学生。同时还注重构建科学的教育体系，不断完善专业设置，不断进行教育改革，以市场为导向，紧密联系经济社会发展的实际情况，加快调整高校专业结构，合理配置教育资源，以培养适应社会需要的人才。

在职业指导服务方面，高校充分利用学校就业中心的信息网络，充分利用校友的人脉资源，能够及时有效地将社会招聘信息传递给毕业生，帮助大学生了解就业环境；借助讲座、座谈、模拟、案例、演示等手段帮助学生了解职业市场要求，改进他们展示专业水平的能力；大学正在寻求建立与用人单位之间的伙伴关系，理解社会需求，并将其转换传递给各个具体的教学和研究部门，这些部门再基于社会的需求创新课程，创新专业甚至创新大学。通过全方位的职业指导与服务，增强大学生从学校到工作岗位的“适应能力”。

4）技术环境

美国加利福尼亚州默塞德县在2002年推广试用了一种新型的就业能力记分卡，这种工具主要用来考查学生是否满足雇主的技能要求：学生既可以通过审核获得记分卡以证明自己的就业能力和就业态度，雇主也可以通过记分卡进行筛选。我们在明确“提升大学生就业能力”这一高等教育目标的基础上，可以借鉴这种方式，在大学生就业能力模型的基础上设计学生就业能力测量指标体系，通过应用性工具的开发，一方面帮助高校评价和跟踪大学生的就业能力现状，不断调整教学方向和教学方法；另一方面可以使大学生在就业过程中能够分析自身优劣势，帮助学生和用人单位实现双向匹配。

三、大学生就业环境的SWOT分析

对大学生就业外部环境可以进行SWOT分析。

1.优势

①知识优势：大学生在校接受了良好的大学教育，有比较扎实的专业理论基础，并且通过高校良好的信息渠道，了解比较多的行业最新动态与概念，有比较好的知识储备的优势。

②有远大的理想与饱满的激情：大学生刚涉足社会，思维普遍活跃，接受新鲜事物快，具有中年以上人群所不具有的理想与激情，往往可以激发出很强的主观能动性。

③精力充沛：大学生作为青年人的群体，精力充沛。

④家庭负担较轻，故对用人单位的福利、待遇的相关要求较少。

⑤国家政策向大学生倾斜，社会组织对大学生就业问题极为关注，为大学生增加了很多就业机会。

2.劣势

①实践经验不足：大学生在学校接受了大量的理论知识，注重书本知识，实践经验不足，在专业知识的学习方面多以“输入型”学习为主，“输出”应用方面明显不足。这一方面归因

于大学生初入社会，本身尚无足够的实践经验，一方面归因于学生个人的实践意识不强烈，形成眼高手低、实践不足的劣势。

②创新不足：大学生没有足够的实践经验，没有更多的机会去广泛地实践，因此更难有创新性学习的机会，而当今社会是一个不断创新高速发展的社会，缺乏创新能力是大学生的一个重要劣势。

③吃苦精神不足：目前，大学生多是“90后”，缺乏忧患意识与吃苦耐劳意识，普遍吃苦精神不足，制约了大学生的发展。

④整个社会文化和商业交往中往往不信任年轻人。

3. 机会

①多种发展渠道：目前大学毕业生的发展渠道同过去相比有了很大的扩展，大学生党员为了更好地服务人民、建设国家，可以选择到企事业单位工作，到各种企业供职，或做大学生村官、选调生、公务员等。

②政策的机会：目前我国西部开发、中部崛起等政策都为大学生提供了良好的发展机会。政策还对大学生自主创业给予了支持。

4. 威胁

①就业压力：由于高校的扩招，目前我国大学生就业压力逐年增加，伴随大学生数量的增加，用人单位对大学生综合素质要求提高，如要求大学生要有名校文凭、各种技能证、实习经验等。

②研究生、留学生、有从业经验的求职者参与与大学生的竞争中。

③经济增长速度放缓，企业经营遇到很大挑战，导致对大学生需求量减少。

第二节　如何适应大学生活

一、由中学到大学需要适应的主要变化

从中学到大学，宛如进入一个新天地：新的学校、老师和同学，新的学习内容、学习条件和学习方式，新的生活方式、活动方式。习惯了应试教育和长辈全方位照顾的大学新生，身处多年神往的大学，许多新生却不知如何应对。面对新的学习环境，众多大学新生无法找到新的支撑点。

1. 学习方式

现阶段，普通高中仍然面临着升学考验，高中时代的教学方式主要是“教师牵着走”“家长赶着走”，学生习惯了“填鸭式”的教学方法。在课堂上学生并不是真正的主体，而是被动的“接收装置”。大学学习强调启发式教学，课堂讲授时间相对少，学生自己安排自习、阅读、钻研学问的时间相对多，这就要求学生独立思考、融会贯通、举一反三。这种转折，对于经历

了十几年"填鸭式"教育,思维方式、学习方法几乎定型了的大学新生来说,如猛然进入断乳期的婴儿,通常难以适应。从学习任务看,中学生的学习任务主要是学习科学文化基础知识,而大学是培养高级专门人才的场所,大学生既要学习专门知识,又要掌握专门技能。

2. 学习目标

高中生学习目标很明确,教师上课的针对性也较强。大学的教学内容和方法与中学不同,大学生主要靠自己确定学习目标、选择学习内容和方法,特别是教育部对各学科教学时数进行调整之后,上课时数明显减少,学生自学时间大大增加。一些大学生无法在学习上找到新的支撑点,不知道该学什么、为什么学和怎么学,因此感到空虚无聊,少数学生在浑浑噩噩的心态中度过美好的大学时光。面对新的生活环境,众多大学新生无所适从。

3. 生活环境

中学生大多住在家里,不少人拥有属于自己的独立生活空间,起居由父母安排。而大学生活主要是集体生活,住宿舍、吃食堂,凡事要靠自己处理,不少大学生远离家乡,离开了原来熟悉的生活环境,饮食、气候与语言环境的变化,作息制度与卫生习惯的不同,都可能造成其适应不良。这种改变对缺乏独立生活能力的学生是严峻的挑战。

中学生生活领域较窄,基本上是从家门到校门,生活的中心内容是学习,课余时间很少,校园生活单一。而进大学犹如从"小天地"来到"大世界",生活领域大大拓宽。大学校园对新生来说几乎一切都是新的,新环境给大学新生带来新鲜感的同时,也使相当多学生感到无所适从。

4. 人际关系

面对新的人际关系,众多大学新生束手无策。从交往的方式与对象看,中学生个性单纯,较合群,人际交往利害冲突较少,即使发生了人际冲突也有家庭环境可以缓冲。到了大学,各地来的同学素昧平生,重新组成新的班级,生活在同一个宿舍,脾气、习惯各不相同,人际交往的矛盾不可避免。加之师生关系不像中学那样密切,有时几天见不到老师,又远离父母。从人际交往的要求看,中学生学习压力较大,有亲情的缓冲,对友谊的渴望虽较强烈,但受到一定遏制。进入大学,新的伙伴,新的环境,要求大学生独立主动地与人交往,社会化要求急速提高。大学生对友谊的渴望强烈,但由于缺乏交往技巧等原因,常难以建立友好协调的关系,易发生人际冲突。一些新生对此缺乏足够的心理准备,显得束手无策。他们一方面没有从旧的人际关系中走出来;另一方面又没能尽快地建立新的人际关系,总觉得与周围的一切格格不入,有的人甚至封闭自己,逃避现实,把自己当成局外人,若得不到正确的引导,有可能形成病态封闭的心理。

5. 教学管理

面对新的管理环境,众多大学新生不知所措。在教学管理方面,表面上比较宽松,但实际上对学生学习能力的要求更高,学生学习压力更大。在管理方法方面,由于有高考升学压力,中学对学生各方面管理都很严格;而大学主要依靠学生自我管理和自我约束,尽管有辅导员和班主任，但是他们与同学见面少，师生关系较疏离，其职责主要是把握大方向，通过指导、组织开展各种活动来发展学生的自主、自立、自理能力。许多大学新生只认识到这种形式上的由紧到松的变化，从而放松对自己的要求，没有积极主动适应这种变化，加强自我的管理能力，一遇到困难和挫折，就难以应对，影响学业和成才。

二、大学新生群体的主要困惑

新生由中学进入大学以后，常常会不适应，在心理上出现一些矛盾和困惑。主要体现在以下几方面：

①理想与现实的矛盾。录取的学校和专业往往在不同程度上与大学新生的期望存在一定的差距。如何跨越现实与理想的差距，坦然接受现实，已成为大学新生的主要问题之一。

②独立性与依赖性的矛盾。学校的客观环境和新生的主观愿望促使大学新生独立意识明显增强，但由于社会经验的缺乏和在经济上的不独立，面对复杂情况时，他们又表现出较强的依赖性。

③优越感与自卑感的矛盾。大多数高校新生在中学时期是老师、家长的骄傲，当他们经过高考的历练，走进大学时，在心理上有较强烈的优越感。但入学后却发现自己原有的优势已不复存在，当遇到困难与挫折时，极易产生自卑感。

④原有学习模式与新的学习要求的矛盾。大学与中学在课程设置、学习内容、学习方法等方面，都有着明显的差异。不少学生对大学课程仍沿用不适用的中学学习模式，结果造成学习上疲于应付，学习成绩不理想而出现紧张、焦虑的情绪。同时面对大量的课余时间，一些学生不知道如何利用去充实和完善自己，产生莫名的烦恼。

三、大学新生如何适应大学学习和生活

尽管从中学生到大学生的角色转变并非一帆风顺，但以良好的状态开始新的大学生活是每个大学新生的首要任务，具体可以从以下途径努力。

1. 认真完成入学教育

入学教育的学习过程非常重要，整个过程使学生了解到比较全面的学校概况、教学科研力量、学校培养人才目标及学校历史和前景。

①校纪校规教育，使大学新生认识到大学生应承担和履行的道德与法律的责任和义务，从而强化大学新生的法制观念和自律意识。

②学生管理制度教育，尤其是遵规守纪的教育，使学生了解纪律的种类，清楚违纪的严重后果等内容，加深对规章制度的印象，树立纪律观念。

③军事训练，使大学新生进一步增强组织性、纪律性，培养艰苦奋斗、吃苦耐劳的优良品质，为适应大学学习环境做好准备。

④理想信念教育，使新生树立起明确的奋斗目标。理想信念是个体人生幸福与事业成功的精神支柱，能给人以信心、勇气和力量。一些大学新生把考上大学作为自己的唯一奋斗目标，随着这一目标的实现，又陷入目标失落的境地。通过理想信念教育，使大学新生明白大学只是人生道路上的加油站而并非顶峰，大学仅是进入社会的阶梯。大学生必须根据高校的培养目标，根据市场对人才的需求，根据社会未来发展的需要，重新确立适合自己发展的奋斗目标。

⑤形势政策教育，使大学新生认清形势，明确责任，增强责任感和使命感。

⑥专业认知教育，了解所学专业的课程性质和知识结构、本专业就业前景、自己以后可以胜任的工作领域及单位，提高学生对本专业的认识，使学生热爱本专业，决心为自己选择的专业奋斗，树立学生专业学习的信心，激发新生学习的内动力。

⑦学习方法指导，激发新生学习兴趣。对每个学生来说，大学是人生的一个非常重要的阶段，它为其培养能力、提高素质提供了机遇，为大学生将来就业创业打下了基础。

2. 制订大学学习与发展规划

加强自我探索与自我管理，明确大学期间的整体发展目标和分阶段的目标，做好在大学生活每一阶段的自我设计，把短期学习目标和长期学习目标相结合，把每一阶段的学习生活与自己的未来发展联系在一起，找到自己的明确定位，使学习生活有目的、有计划。这个过程是一个动态的过程，随着自我认识和环境认识的不断深入而进行有效调整，制订一套与自己发展目标一致的学业计划。

3. 主动认识和适应大学学习方式

主动认识大学学习的特点，掌握大学学习方法，提高学习效率。大学学习更多地强调学生的主体性，要注意在教师指导下主动地用学术研究的方式去思考、去研究问题。要克服依赖性，培养独立学习能力。可以向高年级成绩优秀的学生请教学习方法和经验，学习如何查阅、选择、运用图书馆的文献资料。积极参与课堂讨论，多和同学交流。参加各种兴趣小组、社会实践、科技活动，多渠道、多方位获取信息，掌握知识，提高能力。

4. 主动与人交往，培养健康的生活方式，提升综合素质

培养良好的人际交往心态与能力，以良好的心理状态去面对新的人际交往和复杂的人际环境。要加强个性品德修养，严以律己，宽以待人，以诚相待，以心换心，用真情去赢得他人的信任和尊重，得到他人的理解、支持和帮助。同时，要掌握人际交往的方法和技巧，能有效地交往。积极参加校园文化活动，发展健康向上的生活方式。刚入校的大学新生对校园的一切都感到新鲜和好奇，面对校园琳琅满目、丰富多彩的校园文化活动，一时还难以选择和接受。可以根据自己的爱好和特点进行选择，以满足自我探索、自我实现的心理需求。同时，也可以充实课余生活，培养多方面的能力。

人生，是一场马拉松，起跑速度不重要，方向很重要，一时的成功不重要，持续的成长更

重要。大学是崭新的开始，每一名大学生都可以放下过去，重新出发，坚持梦想，努力不懈，赢在校园。

延伸阅读

武汉工程科技学院历届优秀毕业生案例

案例1：大学生活怎么过？

我的大学，我的梦

车爽，女，新疆维吾尔自治区乌鲁木齐市第二中学毕业，2005年考入中国地质大学江城学院会计专业，中国共产党党员。爱好打篮球，曾任系学生会副主席，在校期间寒暑假均积极参加社会实践活动，其中大二暑假赴湖北省孝感黄站镇支教，大三、大四暑假均在事务所实习，并获得二、三等奖；曾代表学校参加湖北省大学生运动会并获得女子篮球丙组冠军，多次获得校级优秀学生干部、优秀团员荣誉，2008年获得中国地质大学（武汉）优秀团干荣誉；现就职于武警乌鲁木齐指挥学院，任参谋。

大学可以用几个简单的词形容：美妙、刺激、成长。而我的大学就是“尝试”吧！尽力在有限的时间内去尝试身边的一切，感受它的美妙、刺激，让自己成长。

搬搬椅子，抬抬桌子，画画板子

在很多人的眼里，学生会就是“搬搬椅子，抬抬桌子，画画板子”。不错，我也是这样子的。大学一年级到二年级，我在学生会里都是这样度过的。可是，就是这样的工作，不都是要层层选拔吗？可见搬桌子也不是那么容易的。在进学生会之前，虽然在班里做班委，可是真的站在竞选的队伍里，没有人不紧张。缺乏自信、表达能力欠佳等缺点显露无遗，能顺利地迈过这道门槛，我认为自己就迈出了成功的第一步。

到底我们为什么来学生会？看到自己所承担的工作任务，不免会感到困惑。真的就是简单的体力劳动？和所有新成员一样，我们都有同样的困惑：“参加学生会到底能锻炼什么？”有了困惑自己找不到答案而又没有毅力的人往往在第二个学期就选择退出了，留下来的，是一步步踏实走过来的成员，他们最后都能总结出一套自己的理论，我也不例外。

有人说，能把平凡的工作做得不平凡的人，才是不凡的人！如搬桌子，善于思考的人就会想到怎样才能把桌子搬好，替其他同学节省时间。而认为只是体力劳动的“搬运工”则放下桌子就走人，不会去擦，不会安置好，甚至失去了基本的思考能力，长久以来，他必然认为这项工作是枯燥乏味的。我的总结就是：做任何事情都要多思考，这样才有进步！况且，学生会在校园活动组织策划、师生交流等方面发挥着重要的作用，如果不从基层做起、不从简单的体力劳动做起，即使拥有了更重要的管理策划工作职位，也难以胜任。

知道自己在做什么

在学生会工作总是风风火火的，一大帮人在一起想办法，做活动，穷开心。时间长了会发现自己认识的人多了，办事情也容易了，消息也灵通了。不得不承认，学生会给了我们一个大平台，只要你能把握住，一切都是你的财富。

任何工作的完成都离不开大家的共同努力。如何协调好，达到预期的目的，就需要我们具有良好的沟通能力，需要努力地培养这一能力。

大三了，一路的学习和努力，让我进入了主席团。在工作和学习中，我发现自己还是有很多的不足，比如沟通。正好学校引入了学长制，我就应征报名，经过层层选拔，最终如愿以偿。而之所以做学长，更重要的是锻炼自己的沟通能力，因为只要接受了这个称呼，就意味着付出，意味着面对更多的挑战。

新学期，我迎来了我管理的新生。同学们有着不同的背景，有着各自的经历，有着不同的性格，还有着自己的方言。对于我这样一个在北方长大的孩子，似乎和他们每个人打交道都要从头学习。和他们一起感受才能更好地沟通，他们军训，我坚持每天都去，休息的时候和他们谈心，一起运动，带着他们一起成长。他们无论是生活上还是学习上甚至感情上的问题都会向我倾诉。平时我会经常去他们宿舍了解他们的生活，和他们谈理想、谈生活，或者把自己的自习地点设在他们的教室，和他们一起学习、一起探讨，这对于我来说是最大的挑战。在他们的帮助下，我的沟通能力也有了提高。

很多大学生在大一的时候会很迷茫，军训结束后告诉我，不知道自己在干什么，每天在浪费时间，最后什么收获都没有。我告诉他们，每个人都应该有属于自己的目标，为了实现自己的目标而不断奋斗，等目标实现了，你们的成就感就不言而喻了！作为一名新生，看到学长的经历，都会崇拜不已。他们拿学长作为标杆，努力让自己变成像学长一样的学生。这种愿望是好的，但是盲目地改变自己是很幼稚的表现。我认为，做学长最大的成就就是和自己班上的学生一起制订属于自己的目标，互相鼓励，互相扶持，一起努力，最终大家一起实现目标，而这个过程是最让我享受的。因此，无论做任何事情都不要盲目跟风，如果你不知道自己需要什么，那么你起码要知道自己不需要什么！

时光匆匆，挥手告别

大四了，每个人都忙着找工作，在校园谈论得最多的话题就是找工作。相信在步入社会的时候就是我们无限怀念大学美好时光的时候——充裕的时间、自由的生活和美妙的感觉。

在招聘会上，也许和一些重点院校的毕业生相比，在学历、证书甚至知识方面我不及他们，但是大学里我充分地去尝试，努力地去改变自己，让自己具备一定的工作能力和社会实践能力。在用人单位面前，我可以自豪地说，也许我现在还达不到您需要的工作经历和专业实践能力，但是我具有超强的学习能力和处事能力，通过短时间的学习，我一定能胜任这个职位。

所以，无论任何时候都不要把自己局限在书本内。学校的时光是自由的，也是有限的，尽可能地多看书，多实践，多去参加自己认为可以得到锻炼的活动，这些都是有益的。

现在我在武警部队工作。部队和地方有很大的不同，从着装到一日生活的内容，从走路到每天的工作内容，都有很多的制度约束。这不免让我十分怀念我的大学生活。对于这个新的环境,我是完全陌生的。很多和我一样的毕业生走进部队,怀揣着理想来干属于自己的事业,可发现现实和理想具有极大的差距,不适应、不理解使他们在这个大熔炉里无法正常生活。我很感谢母校在大学期间给我的那些锻炼机会,使我在此时展示了自己超强的适应能力和学习能力,顺利地转变成为一名合格的军人。

时间匆匆,我带的新生也成了毕业生了。一些场景还依稀浮现在我的脑海里,每每回想起来都无比感动。现在我就能理解老一辈人视大学为人生之梦的想法。我想,是大学成就了今天的我,也将帮助我实现未来的梦想。

新生寄语:

①在自己不知道想要什么的时候,就问问自己什么是当下不需要的,勇敢地剔除自己生活中的糟粕,大胆地改变自己,让自己成为自己心中最强的人。

②每个人都有属于自己的路,如何走得稳、走得精彩才是我们需要考虑的问题。

③珍惜时间,努力去尝试不同的变化,让大学生活美妙而精彩。

案例2:上了大学,还要奋斗吗?

我们不比别人差

汪青青,男,湖北省蕲春县第四高中毕业,2005年考入中国地质大学江城学院国际经济与贸易专业,中国共产党党员。爱好羽毛球,在校期间曾任副班长,参加过支教活动,获得过二等奖学金和国家励志奖学金,曾被评为校级优秀学生干部。2009年成功考取华中师范大学政治学专业硕士研究生。

2005年9月,在家人的陪同下,我来到了位于武汉市郊区的中国地质大学江城学院,开始了我的新生活。我的大学生活并不是在欢喜兴奋中开始的,而是带着一份痛苦、一份无奈、一份迷茫。高考的失利对我的打击很大,虽然知道前面的路还很长,还有很多事情等着我去做,高考并不能决定一切,但心里还是顺不过气来。那时的我对眼前的一切充满了恐惧和失望,认为读一个三本的学校将来是没有希望的,似乎在别人的眼前就矮了半截,父母的脸上似乎也没有了光彩。

入学时内心那种无助和彷徨依稀可忆,但时间可以改变一切,六年后再回过头来审视我的大学,我可以坚定地、骄傲地说:我不比别人差。

毕业后,很多次追问自己:四年的大学生活给我留下了什么?大学给我带来了什么?这些问题好回答也不太好回答,似乎带给了我很多东西,但又说不清楚,可以肯定的是,大学的确改变了我的人生轨迹,我的人生在这里有了一个大的转折。进校的时候是无助和彷徨的,走出校门的我却是自信和充实的,我是带着一颗希望和自信的心告别大学生活的。因为,当我毕业的时候,已经考上了华中师范大学的研究生了!学习的历程还在继续,我用行动证明了我自己。

大学给了每个人展示自我的舞台,至于如何表演,很大程度上取决于我们自己怎么去想,怎么去做。在江城学院,不少人是在抱怨、彷徨和颓废中度过自己的大学生活的。毫不讳言，我也曾经抱怨过，但在各位老师特别是辅导员老师的开导和帮助下，我在大一下学期逐渐从抱怨中走了出来，开始规划自己的大学生活，开始努力去创造属于自己的未来，最终我用实实在在的行动为自己的大学画了一个圆满的句号。

从我的经历来看，大学生不应该整天在抱怨中度过，而应该用自己实实在在的行动去证明自己并不比别人差。我不比别人差，这不是一种盲目的自信或自恋，而是对自己的一种肯定和自信。它源于自己近两年的研究生阶段的学习和生活的真实体验。在学校里，可能大家都有些许的自卑，觉得毕业后会受到歧视，但当我在另一个环境中学习、生活和工作的时候，悄然发现其实别人所拥有的知识和能力我们在自己的努力下也已经具备了，只是我们还没有自信去发现。

华中师范大学政治学研究院是华师文科学术科研实力非常强劲的一个院系，可谓群英荟萃，但在这里我丝毫没有觉得自己矮人一等，反倒成了他们中的领头雁。2009 年 9 月刚入学，我通过公开竞选当上了 2009 级第四党支部书记；2010 年 10 月，我被推选为院团委副书记，成了全院学生干部中的佼佼者。不比别人差，是等不来的，而是靠自己的努力去获得和实现的。从我自己的经历和感悟来看，以下几点是大学生要努力去做到的：

第一，坚持一份自信，自信是我们的首要素质和品格。大学生最需要的就是自信，面对任何事情都要充分地相信自己，不妄自菲薄，不能给自己贴标签，要看得起自己。虽然我们的学校和学历不占优势，但我们要相信别人能做到的事情我们通过努力也是可以做到的。有了自信，才有勇气和动力去和他人竞争，如果我们首先就被自己打垮了，要战胜别人就无从谈起了。

第二，培养一些能力，能力是我们赖以生存的资本。现代社会对能力的要求是综合性的。只有具备了一定的能力和一技之长，才能在社会上拥有一席之地，而能力的培养对于大学生显得更加重要。具体而言，我认为比较重要的能力包括交流沟通的能力、学习能力、社会实践能力、语言表达能力和文字表达能力。这些能力的培养不是一朝一夕的，而是贯穿于我们整个大学学习的全过程。其实，大学里的很多机会和舞台可以让我们得到锻炼，大到全国性的比赛，小到回答一次老师的提问。关键是每个人都要有培养自己、锻炼自己和让自己学习的意识，要想着去抓住每一个学习锻炼的机会，而不是什么活动都不参加，什么事情都不过问。如果一个人在大学的几年时间里没有参加过任何学生组织，没有参加过任何社会实践活动，那么很难说他的大学生活是成功的。

第三，怀揣一个目标，目标是我们前进的动力。我们很多人容易在大学舒适宽松的环境中迷失方向，更有甚者走向颓废堕落。在大学阶段，我们一定要在对自己和环境充分分析认识的基础上确定自己的目标，并为实现目标付出实实在在的行动。我很早就确定了考研的目标，也一直在为考研做一些准备。大三的暑假，我开始了全面的复习备考。在接下来的半年时间里，我几乎每天都早出晚归，泡在复习教室或者图书馆。那段时间，我每天都有收获，终于顺利地实现了自己的考研目标。回想起来，这也是自己人生的一笔财富，让人回味无穷。

第四，要常怀一颗感恩的心，感恩是我们心态的润滑剂。我很感激江城学院，感激学校为我提供了接受高等教育的机会，感激老师们对我的辛勤教育和培养，感谢学校给了我一个争取更高层次学习机会的平台。每一个大学生都应该怀着一颗感恩的心去对待学院和那些帮助、教育过我们的老师，只有这样，才有好的心态去做好我们应该做好的事情，才能让我们的青春不虚度，让我们的未来不迷茫，让我们的人生更精彩。

每一名江城学子都要坚信：我们不比别人差！

新生寄语：

当你怀揣着梦想步入大学的时候，要看看身后期待的眼神。注视着前方的路，你要自信、昂扬地走下去，少一点抱怨，多一点实实在在的行动。

案例3：不是名牌大学毕业，好找工作吗？

钟经，带梦飞翔的新星

钟经，男，江西省上饶市玉山县人，中国共产党党员，青年诗人，青年书法家，中国地质大学江城学院2013级产品设计（珠宝首饰设计方向）专业本科生，2017年毕业，并获得中国地质大学（武汉）市场营销学第二学位。在校期间曾任珠宝学院、艺术与传媒学院团总支副书记兼学生会主席、学生党支部助理等职务；多次获得国家励志奖学金等各类奖学金共计46 000元；大学期间认真学习，全面发展，获校内外各级各类荣誉多达两百余项，参与省市、国家级专项课题研究5项，发表多篇省级、国家级学术期刊论文。考取三级企业人力资源管理师、三级心理咨询师、高级书法教育教学培训师、助理社会工作师职业资质。作为青年，热爱公益，重于实践，大学期间参与志愿服务总时长达1 500小时；被全国铁道团委授予2015年度“全国铁路春运优秀志愿者”“全国铁路系统四星级志愿者”称号，连续两年获得武汉马拉松“十佳志愿者”、武汉网球公开赛“优秀志愿者”、中国海洋经济博览会“五星级志愿者”等称号；2017年获得湖北省教育厅颁发的“长江学子”创业奖。

一副黑框眼镜，一件黑色西服里套着深色的衬衫，梳得一丝不苟的头发，钟经给人的第一印象就是稳重沉静。他是武汉工程科技学院2013级珠宝设计本科班的学生，2017年1月被提名为“全国大学生自强之星”。

2013年9月，钟经离家求学，学习美术的他选择了珠宝设计专业。大学期间，保持着每学期末综合测评第一，专业成绩前五，还不断参加各种珠宝首饰设计的活动比赛，获得多项荣誉。在兼顾学业的同时，他还参加各种志愿者活动，积极响应国家创业政策。

志愿服务总时长达1 500个小时

在大学规划中，钟经将坚持志愿服务列为每年的既定目标，“时间多的时候多做一点，忙的时候少做一点，但不可以不做”。诚然，钟经口中的志愿服务，囊括了校内外任何与志愿服务相关的活动，而他所参加的志愿服务时长加起来长达1 500小时。

“连续2年参加武汉铁路春运志愿服务，让我对火车站产生了莫名的亲切感。”钟经记得,在他负责的检票口,系统曾实名筛选出一名犯罪在逃人员,当时的他什么都没想立即联系车站的安保和交警,并配合疏散旅客,多方合力逮捕罪犯,“当时没来得及害怕,完全是出于正义感和责任感”。

2016年中秋前夕,经学校牵线搭桥,钟经参与了由中国扶贫基金会组织的“万里思念,一封家书”全国高校社团联动社会倡导活动,鼓励高校学子向远方的亲人寄出一封家书,把对家人的想念与关怀寄回家。《我是公益放映员》公益纪录片全国巡展、2016年中国海洋经济博览会,都有着他活跃的身影。

“光自己玩得嗨可不行,还得带着大家一起嗨。”在校外做完志愿者回到学校的钟经,也不忘捣鼓起学校的志愿者活动。2016年他和同学一起组织成立了武汉工程科技学院“江城星光”志愿服务团队,而他们服务的第一个校外活动就是武汉首届马拉松比赛。此后他积极联系校团委,获得校方的支持,共同推动学校成功跻身武汉马拉松赛事志愿者院校,这一年,在学校的宣传和带领下,千余名学生报名武汉马拉松赛事志愿者,最终400多名学生志愿者通过筛选完成志愿服务。后来的江夏漫步行、武汉网球公开赛等活动,校团委以牵线人的身份,带动全校学子以志愿之心服务全市。

创业项目年营业额超200万元

创业,也是钟经的大学目标之一,如今,手握4个创业项目的他,仅仅去年一年的营业额就超过了200万元。

大二上学期,钟经成立了第一个项目——冰溪文宝斋书画工作室。经营初期,他将工作室开在了家乡玉山,主营书画艺术教育培训、书法绘画(油画、水彩)作品定制等。拥有自己的工作室后,钟经又陆续入股同学的创业项目:主营珠宝首饰定制的亦工坊、主营销售批发的千格馨、主营民宿摄影的忆舍,而钟经也逐渐成为4个大学生创业团队的核心成员。

2015年,赶上学校大力扶持大学生创业,为在校创业的大学生免费提供办公场所,钟经顺利搭上了这股“创业风”,将自己的文宝斋书画工作室迁移到了学校。自此,他所经营的4个项目更加紧密地联系在了一起。

白天的时间不够用,就用晚上的时间来凑。这一点,作为亦工坊合伙人兼室友的丁火强最有发言权:“每天晚上忙到1点多睡觉,早上5点多就起床,平时在学校很难看到他,除了上课和公司开会。”

心怀感恩,主动担当

公司的核心人员太少,学业进入关键期,创业基础不够深厚,这些都让钟经头疼不已。那时,校方正巧为学生积极提供校内外创业培训机会。机会来之不易,钟经课余时间都会积极参加。他不断从培训会中学习初创管理、团队建设、财税报表、法律常识等创业干货。“学校为我们提供的培训会每一次都让我获益匪浅”。也正是因为各种各样的创业培训会,钟经结识了不少天使投资人,获得资金雄厚的企业一对一的帮扶,借助校方的牵线搭桥,他还拿下了武汉大学生文创设计大赛LOGO设计等项目。

2016 年 11 月,校党委积极推荐钟经申报获评第十一届大学生年度人物。

珠宝学院团总支书记隆芳敏也对钟经印象深刻,她说:“在我眼里他是一个执着、认真、责任心强、积极上进、集体荣誉感强的自强自立的人。”有一次,钟经得知珠宝学院党校通过率不高,主动找到负责党校的老师要求担任党务助理,在课余时间带领党校学员认真复习,反复做题练习,最终 65 名学员有 61 名通过。“我觉得这件事既体现了他的能力,又彰显了他的集体荣誉感。”隆芳敏如是评价。

一分耕耘,一分收获,2017 年 7 月,钟经获得湖北省教育厅评选的第三届“长江学子”创业奖(全省只有 30 名大学生获此殊荣),为自己的大学生活画上了圆满的句号。

新生寄语:

作为非名牌院校的学生,我们更应该比别人多花时间去学习、去奋斗,努力挖掘自己的特点并使之成为自己的核心竞争力。有了核心竞争力,一样可以赢得一流的工作。

本章小结

从中学到大学,宛如进入一个新天地:新的学校、老师和同学,新的学习内容、学习条件和学习方式,新的生活方式、活动方式。大一新生应该加强自我认知与环境认知,树立信心,明确目标,迅速调整状态,以适应大学生活;认真完成入学教育,制订大学学习与发展目标规划,主动认识和适应大学学习方式,主动与人交往,培养健康的生活方式,提升综合素质。

人生,是一场马拉松,起跑速度不重要,方向很重要,一时的成功不重要,持续的成长更重要。大学是崭新的开始,每一名大学生都可以放下过去,重新出发,坚持梦想,努力不懈,赢在校园。

第三章　潜能训练

［学习目标］

1. 理解潜能的内涵；
2. 学习如何认识自我潜能；
3. 理解认识和发掘自我潜能的意义；
4. 了解认识和发掘自我潜能的途径。

［导入］

一位母亲从菜市场买完菜回家，走到距离自家楼房100米远的马路对面，突然看见三岁的儿子正爬到没有栏杆的阳台上。那是一幢三层建筑物。从楼下跑到楼上，尚需一段时间，何况她当时还在马路的另一边，根本没有选择的余地。

她的心猝然悬在嗓子眼儿。在她看见儿子的同时，儿子也惊喜地发现了她，向她扑来——儿子一脚踩空，跌了下来。

"儿子——"

在那一瞬间，谁也不会想到，她像一道黑色的旋风，从人们眼前呼啸而过，绕过所有的障碍物，穿过一条十几米宽的马路，向她的儿子坠落的地方冲过去。

当人们从愣怔中反应过来的时候，发现她正跌坐在地上，三岁的儿子在她的怀里哇哇大哭。

儿子安然无恙，她却脸色惨白。

人的潜能很多时候都是在危急、紧张的关头突然爆发的，平时往往做不到；也有的潜能是人们通过长期的刻苦努力发掘出来的，成为一种强大的能力。据科学研究证明，人有着很大的自我发展空间，人的潜能十分巨大，犹如一座有待开发的金矿。

第一节　认识自我的潜能

科学家研究发现，人类储存在脑内的能量大得惊人。人平常只发挥了极小的大脑功能（10%左右），要是能够发挥一大半的大脑功能，就可以轻易学会40种语言、背诵整本百科全书，拿12个博士学位。

人的潜能是巨大的。马克思会全部欧洲国家的语言，爱迪生拥有超过2 000项发明，茅盾能熟背整本《红楼梦》，南京双耳失聪女孩儿周婷婷可以背诵圆周率小数点后面 1 000 多位……

只要我们做一个有心人，后面就会添上自己的名字！每个人都有可开发的潜在能量。

一、潜能概述

潜能最先是在哲学中被提出的。随着现代化的发展，“潜能”这一概念被广泛用于各个领域。目前，国内外学者对潜能的研究比较多，对于什么是潜能，学者们众说纷纭，没有标准答案。国内外学者对潜能作了定义，如表 3.1 所示。

表 3.1　国内外学者对潜能的定义

学　者	潜能的定义
Karl Marx (1886)	人的体能和智能的综合，即潜能就是有待挖掘的处于潜伏状态的能力
Theodore Schultz (1961)	潜能就是知识、技能或性情，也就是通常所说的才能
Israel Scheffler (1985)	潜能不是人显现出来的能力、技能或特征，是将来具备这种能力、技能或特征的可能性
Otto (1988)	从情境分析的角度，潜能是人在特定情境下可能出现的行为或表现
崔金赋 (1992)	潜能就是隐藏在人内部的还没有发挥出来的各种能量的总和，经过某种程度的训练之后可能达到的水平
徐振寡 (1999)	潜能是蕴藏在人的智能“仓库”中的未被开发利用的智慧的总和
于大海 (2001)	潜能就是尚未表现出来的或者是实际上应该具有的能力，还需要等待机体的成熟和外部的作用才会表现出来
Reva Brown, Sean McCartney (2004)	潜能是人所固有的，在完成某项任务或展现自己的某些特点的过程中，人就获得了一些能力
谢晋宇 (2005)	潜能就是经过学习或培训之后达到较高水平的一种可能
张文贤，陶云武 (2006)	潜能是指那些尚未表现出来的能力
叶迎春 (2009)	潜能是指个体具有的、通过施加影响可以表现出来的促进组织或个人绩效的潜在能力

资料来源：《员工潜能开发模型及显化路径研究》

由表 3.1 可知,学者们对潜能的界定有着共性:

①潜能是未显现的能力;

②潜能可以通过一定的方式表现出来,如训练、学习。

潜能是指隐藏在人内部的有待开发的潜在能力,是通过学习、培训、实践后可能具备的能力。这些界定有一个前提,即潜能是一种能量,遵循能量守恒定律,即能量不会消灭,也不会创生,只会从一种形式转化为其他形式,或者从一个物体转移到另一个物体,而在转化和转移的过程中,能量的总量保持不变。

2010 年,我国心理学家程跃在北京师范大学出版社出版了《潜能发展心理学及潜能教育——理论思考及试验实践研究》一书,心理学界将这部 65 万字的学术专著作为潜能发展学说的标志。潜能发展学说终结了天赋归因的思想,建立了全新的科学心理学的体系,并在此基础上重塑了学习观、教育观和发展观,认为潜能已不是以往遗留、沉淀、储备的能量,而是心理"发展势力",是一种动态的、变化的能量,包括人类"遗传的潜能""大脑的潜能"及"环境的潜能",它们之间的相互作用,最终导致人类个体"发展势力"的能量,这个能量即潜能。

因此,不难理解,某些特殊的情境,也有可能激发潜能,比如案例导读中讲述的这位妈妈丢下菜篮就往前跑去,双手接住了孩子,100 米的距离只用了不到 4 秒的时间,牙买加选手尤塞恩·博尔特在国家体育场"鸟巢"进行的北京奥运会男子 100 米决赛中以 9 秒 69 的成绩夺得金牌并打破 9 秒 72 的世界纪录。这位妈妈比世界纪录快了一半多,这就是在特殊环境下,一位母亲对孩子的爱所激发出来的潜能。

综上所述,潜能是代表一个人潜在的、尚未完全表现出来的能力倾向,它是个人发展的一种内在特质,是由智能、个性、兴趣、动机或价值观等多种因素构成,并与环境交互作用的一个有机整体。个人潜能既包括一些天赋,又包括一些后天学习的经验,最终形成个人的一种独特风格与发展势能。

二、潜能的种类

英国智力研究人员托尼·巴赞在他出版的《大脑第一》一书中得出的结论:我们当中隐藏着达·芬奇式的人物,通过训练,有人会具有达·芬奇那样的聪明才智。查尔斯王子用托尼·巴赞的办法提高了记忆能力;国际商用机器公司派自己的员工向巴赞求教。巴赞发表了许多有关智力和学习的关系的书。这位作家提到了每个人所具备的九个方面的潜能,通过训练,这些潜能是可以被不断开发的,具体如下:

1. 创造潜能

长期以来,人们一直认为,发明创造是那些科学家、天才人物的事情,自己是一个平凡的人,不可能有什么创造。这给"创造"二字涂上了神秘的色彩。然而,发明家、科学家同样是人,创造不是他们的专利。对大多数人而言,创造仍处于一种潜在状态,若欲将这种潜能发挥出来,关键是要掌握科学的方法。创造性不只是可以画一幅画或者会使用一种工具。设计一幅作品可以是创造,装扮自己的寝室也可以是创造。每个人都可以尝试做一个“想入非非”的人,每天至少浮想联翩十次。大家可以坚持做这种尝试,并尝试将自己的联想予以记录,尤其当你一步步去改变和实现,你会发现自己变得越来越有创造性。

2. 个人潜能

一个人如果能使自己的内心处于平和状态,那么他就可以比较充分地发挥个人的潜能。因此只有了解自己而且内心充实的人,才能达到充分发挥个人潜能的目的。经常检查对自己来说什么是好的,什么是不好的事情,提升自我觉察的能力。比如每天享受十分钟的安静,对自己进行反省与评价,目的是对自己生活中积极和消极的事情有更加清楚的认识。

3. 社会潜能

社会潜能,可以理解为与他人互动的过程中形成的组织能力,也可以理解为调动别人的积极性的潜在能力。每天,你都在有意识地这样做。你进了剧院,舞台就是建立社会关系的练习场地。如果一个聪明人和一个聪明人在谈话,哪个聪明人会更聪明?善于倾听接纳改进,学会多听别人的意见,可以挖掘自己的社会潜能。

4. 精神潜能

精神潜能,指的是人类不断扩展自我意识的过程。智慧的人,不会仅仅看到个人的和自己所在团体的利益。他不只是聪明的,而且是明智的,个人的价值观给他以动力,会对自然产生灵感,会享受到阳光的照射和鸟儿的歌唱,会发现儿童天真的本质并感受到什么是健康。如果自己的价值观是明确的,并采取相应的行动,那么在精神方面就永远是有智慧的人。

5. 感觉潜能

多数人进食不辨味道,没有感觉。我们的鼻子有五百万个嗅觉感受器,我们的眼睛可以辨别八百万种色彩。我们应该尽可能把体内潜在的五种丰富的感觉能力充分发挥出来,如经常进行有意识的锻炼,经常练习分辨大自然的声音,如各种鸟儿的叫声等。

6. 计算潜能

计算能力是指将抽象的、复杂的数学表达式或数字通过数学方法转换为可以理解的数学式子的能力。许多人以为计算能力是一种天赋,这种看法其实是错误的。虽然每个人都具备计算能力,但这种能力需要通过长时间的关于数字的记忆、计算等刺激来加强。我们不妨经常计算一下:工作占用多少时间,同家人在一起的时间是多少,睡觉和学习又用去了多少时间,等等。习惯性的计算锻炼可以使我们对数字敏感起来,从而提高自身的计算能力。

7. 空间潜能

空间能力是指基于感觉的空间定位,利用身体感知作为刺激源的外界物体的空间位置,构成空间表象的能力,即空间辨认能力。每个人的成长都需要空间,物质空间、精神空间等,我们需要通过参与更多的社会活动激发自身空间潜能的发挥。

8. 文字表达潜能

文字表达潜能是指一个人运用语言文字阐明自己的观点、意见或抒发思想、感情的能力，是将自己的实践经验和决策思想，运用文字表达方式，使其系统化、科学化、条理化的一种能力。这需要我们在日常生活中加强自身文字修养，多写多练，善于调查研究和材料积累，提高观察思维能力。

9. 口头表达潜能

口头表达潜能是指用口头语言来表达自己的思想、情感，以达到与人交流的目的的一种能力。现代社会的发展，口头语言比文字表达起着更直接、更广泛的交际作用，所以对人的口头表达能力提出了越来越高的要求。养成朗诵、背诵、与人交流的习惯都是较好的提升口头表达能力的方法。

10. 领导潜能

人们通常所说的领导能力，其实是领导潜能被激发之后的一种表现。多数人很会赚钱和推销，也很会沟通，可是他们却不具备领导能力。一个人没有领导能力就不能做领导者。即使他做了领导者，任职时间也不会太长。这是因为领导者必须有领导者的风范和气质。不仅如此，领导者还必须起到表率作用。榜样的力量是巨大的，不是一般人所能做的。但是只要一个人的领导潜能被训练出来，那他的领导才能就能大大地表现出来。

11. 艺术潜能

艺术潜能，指音乐和绘画等天赋。培养艺术潜能，要培养对审美要素的感受力。可以到大自然中感受现实生活中的色彩、线条、平衡、对称、节奏、韵律等美的要素。生动的、活的审美源泉可以激发内在的艺术潜能。

三、潜能与潜意识

人们的思想分成两部分，一是意识，二是潜意识。由于潜意识的力量比意识大，因此要激发潜能，需要运用潜意识。有一种观点认为潜能来源于潜意识。所以开发潜能的力量就是诱发潜意识的力量。

潜意识相对于意识而存在，是相对于"意识"的一种思想，又称"右脑意识""宇宙意识""祖先脑"。潜意识，也就是人类原本具备却忘了使用的能力，这种能力我们称之为"潜力"，也就是存在但却未被开发与利用的能力。潜意识总是不断地为一个人得到更多更好而努力。潜意识从来都不会有伤害自己的动机，只是有时它所选择的做法未能有效地满足那些良好动机而已，它欠缺的是更有效的做法。潜能的动力深藏在我们的深层潜意识中。

第二节　潜能开发

为什么人的潜能都未能充分发挥出来？简单地说，一是受限制，二是缺乏刺激。

知识链接

生物学家曾经将跳蚤随意向地上一抛，它能从地面上跳起一米多高。但是如果在一米高的地方放个盖子，这时跳蚤会跳起来撞到盖子，而且是一再地撞到盖子。过一段时间后，拿掉盖子就会发现，虽然跳蚤继续在跳，但已经不能跳到一米以上了，直至生命结束都是如此。

拿掉了盖子，跳蚤便变成了"爬蚤"，麻木到再试一次的勇气也没有了。盖子已经深深地盖住了跳蚤的潜意识。所有的可能性被环境也被自己封杀了，科学家把这种现象叫作"自我设限"。

图 3.1 跳蚤

如果人没有独有的思维，人和动物就没有区别，只是一种更多受潜意识支配的动物而已。不愿意突破思维限制的人们，常常在自己生活的周围筑起界限，要么他们就生活在别人强加给他们的局限里。这些界限通常是家人、朋友强加的，有时候也是自己强加的。但是，人在特定的紧张环境或者突然强烈的刺激下，会做出令人难以置信的、平时根本做不到的事情。这样的例子有很多，这说明每个人的身体里都蕴含着无限的潜力。

狗急跳墙，人急能够爆发潜能。人没有退路，就会产生一种爆发力，这种爆发力就是潜能的一种。特定环境的特定刺激可以激发潜能，经常激发潜能可以促进能力、大脑功能的增强。

一、潜能开发的内涵

所谓潜能开发，就是用有效的方式消除自我设限，开发自身的内在潜力。

潜能开发的过程，是一个自我发现的过程，是指有意识地运用各种方式，使大脑得到丰富而充足的刺激，激活与提升大脑功能，使其随着大脑发展的进程更为完整而使我们的内在潜力不断显化的过程。潜能开发的关键就是寻找"可能性"，而最大的障碍就是"不可能"的自我设限。

我们都有机会选择生活在两种世界里：在积极的世界里或者在消极的世界里。在积极的世界里你能够发现生命更多的可能性，实现你的梦想，最大限度地实现自己的生命价值；在消极的世界里，你活在"不可能"的自我设限里，任何事情都难以做到，因为总是存在着上千个借口阻止你前进。只有停止去考虑所有使你"不可能"做到某件事情的理由，而去思考使你“能够”做到的理由，相信自己身体里拥有怎样丰富的宝藏，然后逐步去发现，我们才能突破自身的心理束缚，不断开发自我潜能，实现幸福人生。

激发个人潜能，可以使人脱胎换骨。在人的本性中有一种倾向，我们把自己想象成什么样的人，就真的会成为什么样的人。因此，我们的自我心像，决定我们的未来。激发个人潜能，首先要认识自己，认清自己为什么迷茫，为什么困惑，为什么失败，找出影响自己获得成功的因素，并且选择有针对性的训练，持之以恒。激发个人潜能不仅能帮助我们全面改变自己，达成目标和期望，还能让我们享受改变的过程，让改变充满乐趣。

任何一个平凡的人，都存在巨大的潜能，只要其潜能得到发挥，就可干出一番事业。研究发现，那些被世人称为天才者，为人类做出突出贡献者，不过是开发了他们的潜能而已。

二、潜能开发的要素

在人生中取得成功是每一个人的梦想，然而并不是每一个人都可以毫无障碍地实现梦想。除非这个人内在的无限潜能完全地爆发出来。一个人的成功必须由一定的自身条件促成，也就是说他重要的潜能要被开发出来。开发潜能有五大要素，即高度的自信、坚定的意志、强烈的愿望、积极的心态、全面改变自我。

1. 高度的自信

高度的自信是成功的基础。如果你对自己非常自信，以致你的激情被彻底唤起的时候，就会进入一种特殊的状态。此刻会真正感觉到灵感四溢、心想事成。可以说，信心是成就事业的根本。人们无论在学习工作，还是创业上，都需要有信心，要使自己充满必胜的信念，因为信心是潜意识能量的发动机，没有信心，你将一事无成。有高度自信心的人乐观积极、充满激情。要是一个人的自信心达到这种状态，其潜意识就会受到刺激，当潜意识受到强烈刺激时，这个人的表现就会超越平时的发挥。潜意识就像沉睡的英雄，最容易被信心唤醒。信心是开启潜意识之门，自信是潜能开发的基础。

2. 坚定的意志

意志是为了达到既定目标而自觉努力的心理过程。简单地说，意志就是坚定的决心。一位哲人说过，大多数失败因意志软弱造成。坚定的意志是事业出成效的一个重要因素。一个没有意志力的人做任何事情都会放弃或半途而废。坚定不移的意志是成功的关键。无论是在做科研、办企业，还是学习，都不是一个轻松的过程，需要克服困难，付出努力，因此，需要有决心，有毅力，而且非常坚定，有着不达目的不罢休的精神。无论面对多少困难，都毫不退却，继续往前，这就是坚定的意志力。只有这样的意志，才会使人无往而不胜。

意志，是一种很微妙、无法触摸但却非常真实的特殊能量，它与人类潜意识、深层次的力量有着非常紧密的联系，当潜意识的神奇力量被激发出来的时候，通常是意志在起关键作用。

3. 强烈的愿望

强烈的愿望是达到成功目标的重要因素之一。一个人在其梦想、雄心、目标、表现、行为和工作中显现的精力、能量、意志、决心、毅力和持久的努力的程度，主要是由"想"和"想要"某件事的程度来决定。"我想"和"我要"是不一样的，前者只是一个想法，后者代表着非常确定并将采取行动。也就是说当一个人成功的愿望非常强烈时，潜意识就会开启，当我们持续在这样强烈的愿望中行动时，潜能就会被不断激发。

4. 积极的心态

积极的心态是成功的基础。一个人的心态必须是正面的、建设性的、积极向上的。如主动、正直、诚实、礼貌、仁爱、付出、希望、乐观、微笑、大方、勇敢等。具有积极心态的人总是怀着较高的理想而努力奋斗。如果说积极的心态是人们走向成功最大的法宝，那么具有与积极心态相反特点的消极心态就是人类致命的弱点。消极会使人失去希望、斗志，陷入悲伤、抱怨、寂寞、烦躁、颓废和痛苦绝望的深渊，这样会将潜能彻底埋葬。积极的心态和消极的心态同存于一个人内心，其中可能有一种处于支配性的地位。如何克服消极心态，让积极心态支配你的人生？要做到这一点，就必须养成一种积极向上的习惯，百分之百为自己的生命承担责任，而不要总是怨天尤人。学会站在高处，将自己置于积极、乐观的心态下，只有这样才能激发出更大的潜能，使自己早日走向成功。

5. 全面改变自我

在激发潜能的过程中，要不断加深自我认识，不断探索"我是谁"，这很重要。实际上也就是不断地认识自我、完善自我、超越自我的过程，只有更多地认识自我，才能更多地认识自我潜能、激发潜能，从而使自我更加完善。要认识自我，就必须学会不断地反省，学会总结、观察、思考、提问，要学会从生活和工作中的一点一滴中总结出成功的经验和失败的教训，要了解自己的特质和性格，了解自己的价值观，了解自己对待生活的态度与为人处世的方法，真实地面对自己。人们常说"知己知彼，百战不殆"，但实际上常常是知彼容易，知己难，正所谓"不识庐山真面目，只缘身在此山中"。所以，认识自我，还要学会与他人交流，学会主动、学会沟通、学会倾听、学会自我激励、学会自我欣赏及欣赏他人。要学会以人为镜，认清自己，进而逐步完善自己，在这个过程中，不断超越自己，这就是改变自我。全面改变自我的过程中，自我改变的行动，将使我们不断发现一个全新的自己，内在潜能会被不断激发出来，也就达成全面改变自我的目标。

三、潜能开发的途径

随着科技的进步，人类潜能的开发途径也更加多样化，归纳起来，主要有以下途径：

①遵循吸引力法则（由朗达·拜恩的《秘密》普及开来）：同类频率，相互吸引。我们的意念、思想是有能量的，脑电波是有振动频率的，它们的振动频率会吸引同频率的人或事物。要拥有什么，先建立能与之相匹配的价值观和思维模式。

②建立积极的自我心像:经常给予自己积极的暗示,在心中想象出一个理想的自我定位形象,不断地肯定自己,相信自己能做过去做不到的事,能做别人做不到的事。

③积极实践与行动:在实践中自我发现,在行动中激发潜能,是所有开发潜能的途径中不可或缺的。

④挑战更高的目标:走出自己的舒服圈,设置略高于以往能力的目标,并尽力去实现,这个过程会给自己带来高峰体验,从而更大地激发潜能。

⑤生命潜能管理:就是以系统的方法管理自我及周边资源,达成人生的目标。成功者与失败者的差别是成功者能够自我管理、自我激励,并且做有效的时间分配,而失败者却不然。处理事件须知轻重缓急,依危机事件(重要而紧急)、高生产力事件(重要而不紧急)等优先顺序来解决。

为了做到有效的生命潜能管理,你必须了解人生的最终目的。你到底想要什么?一生中哪些对你而言是最重要的呢?什么是你一生中最想完成的事?或许,你从来没有认真思量过,然而,如果不知道这些答案,你的生命将如不知停泊港口的船只一样,只能在苍茫大海中漂泊。

以下问题是世界上的顶尖成功者都思考过的,最终也都达到类似的结果,如果你也能一一找到答案,则你将有效地激发令人惊异的生命潜能。

问句一:我生命的意义,即生命目的在哪里?

人若想快乐,必须感受到自己存在的重要性,如果连目的都不清楚,则会盲目一生,失去方向。做每件事知其意义,就容易找出好的方法去实践。请仔细考量并一再自问,这是非常重要的问题。

问句二:我是谁?我的理想是要成为怎样的人?

你必须找回自我,找回理想中要成为的人。许多人十分努力,并认为当达到某一目标,如买房子,结婚生子,赚一千万时就能快乐,但通常这些努力过程都十分痛苦,达成之后的快乐却十分短暂。其实,不管你得到任何物质上的享乐,都无法让你持续快乐!能使人持续快乐的是成为你理想中的人,成就想成就的事业,成为对他人有帮助的人。而幸运的是,人类已有伟大发现,就是人能借助思维转变而自我塑造,成为自己理想中的人。这个问题的答案可以有很多个,你可以设定多项自我形象。

问句三:我有哪些价值观和信念?

一般人价值观的形成都来自身处的环境和学习,很少有人是由自己设计出来的。而人通常透过价值观和信念(也就是观念)来作决定,以此产生行动和结果。因此,作决定只是价值层级的分配,所谓价值层级即是哪些事比较重要,哪些事较不重要等。我们可以明确自己的价值观与信念,由自己设计生命的蓝图,而不是让环境不断地影响自己。

问句四:我一生的策略是什么?

你要用什么方法来实现生命意义,成为理想中的人,找回价值观和信念,找回生命的原动力？

问句五：今年的五大目标是什么？

问句六：目前的短期目标有哪些？

问句七：每天所要实行的行动有哪些？

以上问题的答案都可以不断地修正。

例如：

我是谁？

①我是最爱学习的人。

②我是世界上最伟大的人。

③我是性格训练的教练。

④我是创造奇迹的人物。

⑤我是人生的导师。

⑥我是人类的希望。

⑦我是黑暗中的烛光。

⑧我是有意志力的人。

⑨我是一个化不可能为可能的人

⑩我是一个演讲家。

⑪我是真理的传播者。

……

四、潜能开发的方法

人类的潜意识具有超越一般常识，几乎可称之为全然未知的超意识能力，人类的直觉、灵感、梦境、催眠、信念力、透视力、预知力等都是潜在能力的具体表现……

1.镜子练习法

有效地用镜子练习来激发潜能。

比如说，大部分的学生都很害羞，一害羞就脸红，但就是不知道为什么会脸红，它到底有多红？关于这个问题，我们可以在镜子里找到答案。在镜子练习里，它会告诉各位学生，脸红是因为害羞，害羞是因为心里紧张，心里紧张和脸红是因为没有受过专业训练。镜子练习可以使人变得更加自信和有激情。自信和激情是激发潜能的重要因素之一。

镜子练习的方法：站在镜子前看到身体的整体。要笔直地站立，脚后跟靠拢，收腹、挺胸、昂首，再做三四次深呼吸，直到对自己的能力和决心有了一种感受。然后凝视眼睛深处，并告诉自己会得到你所要的，大声说出它的名字或名称，不仅如此，还要对镜子里的自己说自我确认的语言。如我喜欢我自己，我是一个很有信心的人，我的沟通能力将越来越强等。这样面对着镜子不断地、有力地重复多次，直到你认为镜子里的那个人就是你想要的那个人。同时要认真看镜子里的你是怎样微笑的，是不是笑起来像哭一样呢？如果是，一定要纠正过来。然后要仔细观察动作是不是也出了问题，因为有的人说话时动作很不文雅。如果你的动作不文雅也要将其改正过来。大家知道眼睛是心灵的窗户，所以说训练眼神至关重要，对着镜子看你的眼神是不是很镇定，如果是飘忽不定的，那么这就是你的坏毛病，也要改正过来。此外要研究你的走路姿势是不是无精打采或是驼背的样子，如果是这样的话就太难看了。要不断地在镜子面前练习并纠正。这些练习不是两三天的事，要长期练习直到将自己练成一个既自信又有激情的人。

如果邀请你去作演讲，那么务必对着镜子练习微笑或自然洒脱的手势等。在镜子前站好，反复对自己说，你会获得巨大成功，世界上没有任何东西能够阻止你，你会努力。这样做并不可笑，因为任何渗入潜意识的设想都可能在生活中成为现实。眼睛作为心灵的窗户，不仅会泄露你内心的思想活动，而且比想象的更能表达你的内心世界。一旦开始实践镜子练习，眼睛就会产生一种你从未想到的力量，你会获得一种锐利的目光，使别人以为你正在注视着他们的内心世界。眼睛会把信念的强度真切地表露出来，以赢得人们的赞赏。眼神能反映出一个人在现实生活中所属的阶层、所处的位置。所以要训练眼神，使之充满信心，而镜子则能帮助你。镜子练习在许多方面都可取得令人满意的效果。镜子向你显示别人看到的你的模样，你可以对着镜子改进，塑造成自己满意的或感觉符合审美标准的姿态。

2. 暗示练习法

暗示法则对潜能开发同样能起到很大的作用。

许多人并不知道自我暗示对潜意识有很大的刺激。暗示法则适合任何年龄，特别对九到十八岁年龄段的人影响更大。一般说来自我暗示是不受地点限制的。

要怎样暗示呢？

如当你等车的时候，可以暗示自己说，我是一个很有耐性的人，我的作文写得很好，这是背单词的好时刻，我的英语口语越来越好，所有等车的人中我是最有耐性的好学生。要连续不断地自我暗示。

如果你是在坐车，可以暗示自己说，我是一个成绩很好的人，不久我将考入重点中学或著名大学，我是车上最快乐的人，我是最独特的人，我不可以得过且过，今年（或明年或后年）我要上重点中学（或大学）了，我从来不怕困难，我很爱学习，我是一个很棒的学生，我的老师因我而感到骄傲，我不可以让我的老师失望，我也是我父母的骄傲等。

如果你是在外面散步，也要有这样的自我暗示，但句子要作一些调整。这样不断地自我暗示和自我肯定，不仅能提高自信心，同时也能大大刺激潜意识，从而激发潜能。

请注意，自我暗示的句子是很重要的。

要记住，潜意识很容易受到自我暗示的影响和摆动。只要接连不断地暗示，潜能就会像潮水般地涌出来。但要注意尽量不对自己做消极的暗示。

3. 运动刺激法

运动对潜能开发同样很重要。

曾国藩有“耕读传家”的家训，即希望曾家后人既要读书又要实践，脑体结合，不能死读书，坐而论道。很多同学都是独生子女，是父母的心肝宝贝，所以父母也特别疼爱自己的孩子。有的父母舍不得孩子做一点家务，怕累到孩子，有的父母不让孩子多做一点运动，怕孩子受伤。岂不知这样对孩子的身体健康不但没有好处，反而使孩子更加懒惰和脆弱。其实，运动不但对身体健康有益，对潜能开发同样有相当的帮助。在所有运动中，爬山和赛跑对潜能开发是最有帮助的，尤其是赛跑。为什么这样说呢？

一是赛跑可以锻炼人的意志力，尤其是小孩子或青少年的意志力和坚持力。现在的孩子较脆弱，而且惰性较强，自理能力也较差。运动不但对其提高意志力和坚持力有帮助，而且也对其潜能开发有很大的帮助。

二是在赛跑中可以自己对自己说话，这个相当重要。中国人几乎不明白为什么要自己跟自己说话，更不明白在赛跑中自己对自己说话对促进潜能开发的作用。在赛跑中自己跟自己说什么话对促进潜能开发有帮助？这个要根据年龄而定，如果是九至十二岁的孩子，可以这样说：我是最棒的小朋友，我爱学习，我爱音乐，我很勤奋，我爱锻炼身体，我的英语一天比一天进步，我身体很健康，我很有礼貌，我要考入重点初中，我是全班最好的学生之一，我爱运动，运动使我变得更加聪明，我从不偷懒，我很努力……不断地重复。如果是十三至十八岁左右的孩子，可以这样说：我是最棒的，我喜欢我自己，我很刻苦，我很努力，我是最独特的人，我很有礼貌，我非常爱学习，我的成绩越来越好，我要考入名牌大学，我爱运动，运动可以激发潜能，爱运动的人身体更健康，我要成为一名博士生，我要出国留学……不断地重复。运动时间大概在 30 分钟。事实已证明跑步运动并且不断地对自己说话（边跑边说）对刺激潜意识有着很好的效果。

4. 打破思维定式

常规性思维是指按照一定的固有思维或者方法进行思维活动的模式。这种旧思维也包括过去的经验和传统沉淀下来的条条框框。这样的思维模式支配着人们的日常生活，久而久之就形成极强的思维惯性，有时，恰恰就是常规性思维限制了人们潜能的突破。请看案例：

一块钢板可以卖多少钱？有人说 6 美元，但也有人说可以卖 25 万美元。一块钢板如果只当钢板卖，的确只能卖 5 ~ 6 美元，但如果把它制成手表的摆针，价值就会翻几番甚至更多倍。这就是创造性思维的力量。

一家酒店经营得很好，人气旺盛，财源广进，酒店的老总准备开展另外一项业务，由于没有太多的精力管理这家酒店，打算在现有的三个部门经理中物色一位总经理。

老总问第一位部门经理：“是先有鸡还是先有蛋？”

第一位部门经理不假思索地答道：“先有鸡。”

老总接着问第二位部门经理:“是先有鸡还是先有蛋?”第二位部门经理胸有成竹地答道:“先有蛋。”

这时,老总向最后一位部门经理问道:“你来说说是先有鸡还是先有蛋?”

第三位部门经理认真地答道:“客人先点鸡,就先有鸡;客人先点蛋,就先有蛋。”

老总笑了,他决定将第三位部门经理任命为这家酒店的总经理,因为他敢于打破思维的定式,所以被选中了。

所以,只要你善于打破思维禁锢,挑战现有思维模式,用变化的视角不断观察正在发生的事情,用创造性思维突破常规,打破没有意义的条条框框,敢于破旧立新,就能激发潜能,走出困境,超越自己的过去。创造性思维决定了一个人到底能够有多少突破。一个人的成功跟他勇于突破旧有思维模式有必然的关系,也就是说创造性思维能力决定一个人的出路。但是话说回来,一个人必须具有积极的心态和积极的思维,才能影响他的潜意识,只有潜意识受到深度的影响,潜能才会被激发出来。也可以说,当你将潜意识里的睡狮唤醒之后,所有棘手的问题就会迎刃而解。

5. 伟大的梦想

任何伟大的人、伟大的事业都源于伟大的梦想。而这样的梦想有一股不可思议的力量催生潜能,释放积极的心态。福特 12 岁时梦想制造一部“能够在公路上行走的机器”,这个想法深深地扎根在他的脑海,为此他倾注了毕生心血,最终实现了自己的梦想。

威尔伯·莱特生于 1867 年 4 月 16 日,他的弟弟奥维尔·莱特生于 1871 年 8 月 19 日,他们从小就对机械装配和飞行怀有浓厚的兴趣。莱特兄弟原以修理自行车为生,从 1896 年开始,他们就一直热衷于飞行研究。通过多次研究和实验,他们很快得出一个结论:要解决飞机操纵这个悬而未决的关键问题,必须装上某种能使空气动力学发挥作用的机械装置。他们按照这一想法,在基蒂霍克沙丘上空对载人滑翔机进行了几个寒暑的试验之后,梦想终于变成了现实。

渴望像鸟儿一样在天空飞翔,自古以来就是人类的梦想。为了它的实现,人们付出了多年坚持不懈的努力,甚至许多先驱者付出了生命的代价,终于在 1903 年 12 月 17 日,世界上第一架载人动力飞机在美国北卡罗来纳州的基蒂霍克飞上了蓝天。这架飞机被叫作“飞行者—1 号”,它的发明者就是美国的威尔伯·莱特和奥维尔·莱特兄弟。莱特兄弟第一次有动力的持续飞行,实现了人类渴望已久的梦想,人类的飞行时代从此拉开了帷幕。

因此,追求卓越的人不仅是梦想的拥有者,更是梦想的实践者。一个人有了梦想之后,就具有了生生不息的实践勇气,最终付出巨大的行动,从而走向成功。

同样,你想成为顶级推销员,你就要有成为顶级推销员的全部素质,并把这些素质和自己的努力结合在一起,不断审视自己与他们的差距,用他们的眼光总结每一次销售的失败与成功。于是,梦想被切割成一个个小目标,阶段性地去完成,在循序渐进的努力中,你会发现你的潜能正得到发掘,梦想也就越来越接近现实了。

其次,我们每个人的一生中,都会遇到各种各样的困难与挫折。有的人因为生意上的失败而遇到挫折,有的人因为恋爱或者婚姻上的事而触礁,也有的人可能在从政的路上遇到问题。只要你是人,你的一生就会遇到许许多多不愉快而烦恼的事,如压力、痛苦、失望、失败、欺骗、疾病、危机、恐惧、冲突、逆境等。有些事情是由别人引起的,有些事情是因自己引起的。不管这些事情是谁引起的,都会使你产生不快并增加许多困惑。然而,人生若是没有失败或挫折就是不完整的人生。也就是说一个人的一生会遇到很多失败或挫折,然后很坚强地以各种各样的能力和方法,去处理它、解决它并战胜它。这就是人的潜能。

当你通过紧张而充满压力的外部环境来刺激自我、挑战极限时,你就会激活自身潜能。因此,对有的人而言,困难重重的环境更易于激发兴趣和斗志,也更易于坚持目标。培根说:"超越自然的奇迹大多数是在对逆境的征服中出现的。"人生在世难免会遇到挫折,经历告诉我们:挫折是一种内驱力,驱走惰性,催人奋进;化压力为动力,磨炼个人意志。挫折成为激发潜能、促进成长的契机,也是成功不可缺少的组成部分。所以每当遭遇挫折时,请不要逃避,要勇敢地迎接它,因为这恰恰是潜能被发掘的大好时机。

从出生到现在,我们就在不断地自我发现,激发自己的潜能,而本课程的学习将进一步帮助同学们激发潜能,让大家的天赋才华不断显现,成为越来越优秀的自己。

延伸阅读1

大脑的潜能

我们已经知道,人脑是由无数敏感的神经细胞和神经纤维组成的。脑控制着维持生命所有需要的各种重要功能,保持着与外部世界的广泛联系,向肌肉和腺体发布一道道命令,对人体的每一需求作出反应,创造着人类神奇的意识,并随时调整脑的自身活动。前脑、中脑和后脑这三个主要部分负责收集感觉信息和发出运动指令。有些基本功能可以由其中一个部分单独控制,有些则需要几个部分共同控制。比如,维持生命的基本功能主要由后脑控制,前脑部分的下丘脑也起一些作用;选择性反应、学习、记忆和高级思维过程的中枢在前脑,特别是皮层联合区。

然而,人脑永远是以一个完整系统的方式进行运作的,而不是一个个"部分"的独立活动,为了便于理解,我们使用简化的方法,分别解释不同脑区的一些特定功能,但实际情况并非完全如此。脑是一个强大的信息处理系统,外来信息传入后,被送到脑的各个部位,各处加工后达到信息的再次整合,并被发送到肌肉和腺体。总而言之,大脑活动的复杂性超出我们的想象,大脑的潜能也在逐渐被人们认识。

冗余性

大脑活动如此复杂,原因之一在于脑中信息的冗余性。人脑中大量的冗余信息就好比一个文件在一台计算机中到处都存有备份,即使是一个区域完全可以单独管理的信息,大脑也要使用至少几十个区域参与管理。如此之多的冗余信息显示了大脑备份信息的潜力。同时，这也是在许多脑损伤发生之后大脑能神奇地进行信息恢复的原因。

可塑性

脑损伤恢复情况与人的年龄有关。对于同样的脑损伤，儿童一般比成人恢复得好。这显示了大脑的可塑性，即在脑组织中功能转移的灵活性。例如：当左半球受到严重损伤后，2岁以下的儿童通常能将语言处理中心转移到右半球。如果左脑损伤发生在2～5岁，语言区不再向右脑转移，但能够转移到左脑中一个新的地方。10岁以后，这种可塑性就很小了。脑的可塑性可能与神经元树突能长出更多的分支有关。那些天生无胼胝体的大脑也许最具可塑性，他们能够使用任何一个半球回答问题，用任何一只手写字或画画，两只手也有着同样的操作能力。近来一项关于盲人的研究发现，当他们用手阅读盲文时，脑的视觉区非常活跃，这也是表现脑功能定位和可塑性的有力证据。

脑功能恢复的潜力

大脑受到损坏后造成的影响是令人担忧的。如果在5岁以前大脑受到损伤，一般会影响人在成年以后的智商水平。然而，大脑的恢复潜力也是令人吃惊的。在一个病例中，一个男孩在5岁时做了左半球切除手术，因此右侧躯体瘫痪，右眼失明，但他能说、能读、能写，并在大学里修完了两门课程，智商也高于平均水平。这种康复能力说明，脑功能的恢复潜力也许是我们的现有知识所无法解释的。

对脑损伤的研究不仅使我们认识到了脑的局限性，同时也提出了一个问题，是否能够用未受损伤的脑区来恢复受损的脑功能？大脑还有许多不解之谜，科学家们还在不断研究。未来研究中的突破也许能使我们知道如何更好地利用我们的脑，如何提高我们的记忆、思维和解决问题的能力。

——丹尼斯·库恩著《心理学导论》

延伸阅读2

怎样促进大脑保健，开发大脑潜能？

从理论上讲，一个人的脑储存信息的容量相当于1万个藏书为1 000万册的图书馆。大脑神经功能细胞之间每秒钟可以完成的信息传递和交换高达1 000亿次。处于激活状态下的大脑，每天可以完整地记住四本书的全部内容。可见我们的大脑有着相当大的可开发潜能，但人类的大脑潜能开发利用率还不到5%。人类有记载的对自己大脑的研究已经有2 500年历史，但对大脑的掌握程度，大概也就10%。

新千年的第一个诺贝尔生理学或医学奖授予了在人脑研究方面做出杰出贡献的科学家，这无疑预示着“脑科学时代”到来了。脑科学，或称神经科学，是用多学科的手段综合研究脑的正常功能和脑疾病机制的一门新的学科。开展脑科学的研究对揭开脑功能的奥秘，防治老年性痴呆等神经系统疾病、研制新型人工智能、开发人的智力水平、认识人类自我等都有重要意义。美国、日本和欧洲发达国家早在多年前就开始制订脑科学研究的长远计划，并称21世纪是“脑科学时代”。

当前世界范围的脑科学研究的方向主要致力于“知脑、保脑、创脑”三个方面。

知 脑

知脑的研究任务是解析脑的功能和它处理信息的独特性，例如识别、学习、智能、语言、感情、思考、记忆、意志、意识等机理，最高目标是搞清楚自我意识、社会意识以及语言和思考、知识的关系，并且把这些成果应用在教育、社会心理、产业心理和灾害心理等方面。

正像21世纪被人们认为是进入了纳米技术时代一样，人类对自己的研究也在进一步深化。美国科学家通过动物实验就发现，经常动脑可使脑细胞数目增加，智力水平提高。他们认为，大脑存有后备细胞。以往科学家一向认为，动物大脑中活跃的脑细胞数量在幼年时期就确定了，在成长过程中经常动脑筋，会使动物脑细胞之间的联系增加，从而提高大脑智力。但是新的研究表明，动物大脑中的脑细胞数目是不确定的，在成年之前，动物大脑会储存一批特殊的脑细胞，如果经常动脑，这些细胞就会转化，进行智力活动，否则这些细胞就会死亡。

犹太人的聪明世人皆知，有人作了一次统计，从1901年至1973年的72年中，就有65个犹太人获诺贝尔奖，占总获奖人数的16%，而犹太人在世界人口中的比例只占0.3%。美国耶鲁大学医学院、瑞典特布瑞格大学生物研究所经研究相继发现了其中的奥秘：犹太人之所以智商超群，与犹太民族不断补充一种激发态物质EGB而记忆力惊人有关。

军事医学科学院教授杨志刚说，有人将人类脑组织研究计划比喻成曼哈顿原子弹计划。在人类基因计划背景下，全球将出现一个多学科交叉协同的人脑组织研究计划。

在解释人类大脑的神奇时，杨教授说，100亿种基因信息编码，构成人类智力遗传的物质基础，核苷酸的不同排列组合，使人类的认知和记忆力有别于其他动物；1 000亿个神经细胞如同亿万个小电脑，以神经元为单位集中在大脑的CPU——中央处理器，它不仅高效地整合、处理信息，还兼作内存，10 000亿条神经突触纤维以轴突、树突的方式构成传输线路，使人脑成为一张奇妙绝伦的网络，调控着外界环境和内部环境变化后人体的适应功能；100 000亿个电化学转换单元，使神经突触上传递的电子流在突触与突触的连接处转换成化学流，以递质方式影响着机体其他系统。

科学家最近发现，人类大脑的实际构造是由出生后的经验而不是由遗传所决定的。美国家庭及工作学院发表的研究报告《重新认识大脑》中指出：“仅仅在15年前，神经学家仍然认为大脑的结构在出生时已经由遗传基因决定。”但不久前科学家已经认识到这是错误的。幼儿的早期经验可极大地影响脑部复杂的神经网络结构。

保 脑

保脑的主要目标是解析脑细胞的功能和它传输信息的生化学机制，把握脑的老化、阿尔茨海默氏症、帕金森氏症、精神分裂症等多种神经和精神疾病、智力发展障碍、新陈代谢异常、遗传性疾病以及外伤、中毒和感染症等的发病原因，并根据新的原理开发根本性的预防和治疗方法，保护脑不受伤害，最终控制人类老化、开发人工神经、预防精神障碍的理想目标。

美国新墨西哥大学的研究人员发现，大脑中化合物水平与智力测验的成绩之间有一定的联系。研究人员从当地的大学中挑选了26名没有任何脑病或精神病史的大学生进行了化合物水平测试，他们发现胆碱值低和一种叫NAA化合物值高的学生，在智力测验时得分较高。研究人员说，这两种化合物可能具有促进和抑制神经细胞功能的作用，所以，有可能通过饮食上的补充来调节脑中这两种化合物的水平以提高智力。

科学家的研究表明，一个体重为60千克的人，他的肌肉组织有31千克，在静止状态，氧的摄入量为每分钟50毫升，而脑细胞紧张活动时，大脑对氧的摄取量为每分钟80毫升。可见大脑活动的耗氧量是身体任何其他器官都不能比的。

大脑正常消耗的能量足以让一盏40瓦的电灯持续发出耀眼的光芒。紧张的脑力劳动是大脑神经细胞大量耗能的过程。科学研究表明，如果这个时候补充含有EGB、DHA、EPA等活脑素，能够疏通血管，激发脑细胞活力，消除大脑疲劳等症状。

大脑需要大量营养物质，最需要和最受欢迎的一是氧，二是糖，三是蛋白质、微量元素、维生素等。大脑耗氧量占全身供氧的20%，耗糖量占全身的25%。这两者是维持大脑功能的能量来源，是其工作的基本动力。当人生病时，医生常给输葡萄糖，最受益者还是大脑。危重病人鼻孔插了输氧管，也是为了护养脑细胞。除了氧、糖基本的需要保证外，蛋白质、维生素、矿物质、脂肪、微量元素等也是大脑不可缺少的营养物质。蛋白质中的不少成分对增强脑细胞活力，遏制脑细胞退化都有益处。

有专家指出，除了勤用脑、合理用脑以外，适当运动，也是大脑保健的良方。美国科学家在过去35年内对400名21—84岁的成年人进行了语言能力、感觉速度、空间定向及计算机思维等方面的测试研究。结果表明，25%常参加运动锻炼的人，在智力和反应方面明显高于不参加锻炼或极少参加运动的同龄人。科学家总结说，运动可以提高血糖含量，运动还可以使血液循环量增加，这样可以向大脑组织提供更充足的氧气和营养物质；同时运动还可以促使大脑释放一些有益的生化物质；运动还是很好的神经安定剂。

创　脑

“创脑”的任务更为艰巨。它要在解析脑具有的极其精密的神经网络和神经系统的结构与功能的基础上，开发与当今计算机不同的处理信息、具有高档次精神功能的计算机系统，如神经芯片、神经网络式计算机等。

目前科学家们正在进行一项令人瞩目的创举，将电脑与人脑连接。具体一点说，就是把芯片直接融入人脑。科学家预计：在20～30年内，这一愿望将可能实现。可见这已经不是设想，人们在进行了一系列的动物实验以后，1992年2月，美国阿拉巴马大学心理科技研究中心就做了这样一次尝试：美国大学生体操冠军、业余体操运动员西尼尔，不仅平衡能力极佳，而且有良好的动作记忆能力，能记住大量的体操动作。他的这些能力被输入芯片，这一芯片被植入因车祸损害了大脑平衡功能、站立不稳、走路时身体歪歪扭扭的中学生凯利的大脑中。

手术进行得相当成功。当凯利能下床走路时,人们发现他走路平稳,同以前简直判若两人!专家们将他带到一块草坪上,让他做一套体操动作,只见凯利以优美的动作伸展了几下腰腿,接着,他跑了几步,纵身一跳——一个漂亮的空中翻滚……成功啦。

可是,仅仅过了几天,凯利的运动记忆就迅速减退。一星期后,他觉得自己已经不会任何体操动作了。不过,他的动作协调性仍然比以前好。由于芯片是蓄电池供电的,专家们怕电能耗尽,不得不提前取出了芯片。取出芯片后,凯利变回了从前的模样。这场记忆移植的实验就这样结束了。

如果将人脑的全部记忆能力比作一个电脑硬盘,那么一个记忆力超强的人,一个即使能将大英百科全书背下来的人,他的"记忆硬盘"也只使用了不到10%的空间。人们利用芯片进行记忆移植,就是想通过"拷贝"的方式来迅速扩大这个硬盘的利用空间。虽然到目前为止,记忆移植实验进度缓慢且困难重重,但科学家表示,一定会继续相关的实验,直到成功。科学家预言:电脑与人脑接通以后,人们会很快地掌握多种外国语言;人可以用语言、思想意念来指挥机器人做事、写文章,一切家务劳动如打扫卫生、洗衣、做饭等,只要你想到的,电脑都能做;甚至连看病也不需要医生了,只要你身体不舒服,电脑就可以帮你检验血液、心脏等,开出准确无误的药方;电脑还能指挥机器人给人体各部位做手术,除去人体的病痛。

最具实际意义的尝试是美国科学家已经实验成功了"电脑传感器"。只要把这种"电脑传感器"戴在人的头上,就可以凭人的意念指挥电脑替代自己工作,如核算账目、写文章、翻译等,尽管这仅仅是人脑与电脑最初步的连接。在德国,七百多名聋哑人的头颅里已被装上人工耳蜗和语言处理机,因此恢复了听觉和语言功能。法国科学家也正在加紧研制"人工视网膜"的微电脑,准备移植到盲人的眼睛里,并与人的大脑神经接通。如果这项实验取得成功,那么世界上几千万盲人将会恢复视觉,重见光明。

对人脑的研究,也反过来促进了电脑的研究与开发。当今世界电脑研究的真正尖端的技术是DNA计算。科学家正在尝试将人类基因物质植入微处理器中,以解决复杂的数学问题。这项技术的成果不仅将彻底根除某些疾病,还将使人类在未来几十年内成功生产我们一直梦寐以求的可植入人体的生物芯片。DNA是所有活细胞的基本信息存储媒介。数十亿年来,它一直存储并传送着生命的数据。在某种意义上,它是计算机的原型。据粗略计算,10万亿DNA分子可以装满弹球大小的空间。由于所有这些分子可以同时处理数据,所以理论上可以在这么小的空间同时进行10万亿次运算。这比现在最快的超级计算机还要快10倍。

美国信息科技专家柯兹威尔曾著书大胆预测,未来电脑将进一步与人脑直接结合,21世纪的"新新人类"将是机器与人的混血儿,他认为这种混血儿将具有超级智慧。人脑与电脑结合而成的新物种,将具备重新自我设计的能力,不但可以决定自己的命运,还能主宰整个宇宙。

延伸阅读3

大脑保健的必要方法

(1)最好的营养,保证大脑能量。

注意补充优质蛋白,微量元素硒、锌、铁、钙、铜,多吃干果、鱼肉、牛肉、豆类、豆制品、海产品、动物肝脏。

补充维生素 B_6、维生素 C,多吃香蕉、葡萄、苹果、猕猴桃、柑橘、绿叶蔬菜等。

最能够提升愉悦感的 10 种食物是深海鱼、香蕉、柚子、全麦面包、菠菜、樱桃、大蒜、南瓜、低脂牛奶、鸡肉。多吃上述食物有助于保持愉悦的情绪。

(2)合理使用大脑,保证大脑功能的良性运转。

保持愉快的心情,对人善良而真诚,培养良性思维和积极思维。

(3)制订规律的作息时间,养成良好的生活习惯,增强大脑活力。

合理的运动,训练协调性和节奏感,在阳光下散步,静坐冥想,多听反映深刻主题和丰富思想的古典音乐,注意大脑的休息,保证充足的睡眠,适度的社会交往,都有利于大脑潜能的激发。

案例讨论

案例 1

一位农夫在粮仓面前注视着一辆轻型卡车快速开过他的土地。他 14 岁的儿子正开着这辆车,由于年纪还小,他还不允许考驾驶执照,但是他对汽车很着迷,似乎已经能够操作一辆车子,因此农夫准许他在农场里开这辆客货两用车,但是不准上外面的路。突然间,农夫眼看着汽车翻到水沟里,他大为惊慌,急忙跑到出事地点。他看到沟里有水,而他的儿子被压在车子下面,躺在那里,只有头的一部分露出水面。

根据报纸报道,这位农夫并不很高大,他有 170 厘米高,70 千克重,但是他毫不犹豫地跳进水沟,把双手伸到车下,把车子抬了起来,让另一位跑来援助的工人把他失去知觉的孩子从下面拽出来。当地医生很快赶来了,给孩子检查了一遍,只有一点皮肉伤。这个时候,农夫却开始觉得奇怪。刚才去抬车子的时候根本来不及想一下自己是否抬得动,由于好奇他就再试了一下,结果根本抬不动那辆车子。

由此可见,一个人通常都存有极大的潜在体力,这一类事还告诉我们另一个重要的事实,农夫在紧张情况下产生一种超常的力量,并不只是身体的反应,还涉及精神的力量,当他看到自己的儿子快要淹死的时候,他的反应是救自己的儿子,一心要把压在儿子身上的卡车抬起来,而再没有其他的想法,可以说是精神上的肾上腺引发出潜在的力量。据专家认定,潜意识的力量是有意识力量的三万倍。

案例 2

很久以前,挪威人从深海捕捞的沙丁鱼,总是还没到达岸边就已经口吐白沫,渔民们想了无数的办法，想让沙丁鱼活着上岸，但都失败了。然而，有一条渔船总能带着活鱼上岸，他们带来的活鱼自然比死鱼的价格贵出好几倍。这是为什么呢？这条船又有什么秘密呢？原来，他们在沙丁鱼槽里放了鲇鱼。鲇鱼是沙丁鱼的天敌，当鱼槽里同时放有沙丁鱼和鲇鱼时，鲇鱼出于天性会不断地追逐沙丁鱼。在鲇鱼的追逐下，沙丁鱼拼命游动，激发了其内部的活力，从而活了下来。这就是"鲇鱼效应"的由来。"鲇鱼效应"的道理非常简单，无非就是通过引入外界的竞争者来激活内部的活力。但就是这么一个简单的道理，一开始在挪威和日本也仅有少数几个老渔夫才知道。自从"鲇鱼效应"的秘密被大家知道以后，已经被用到生活的各个方面。

思考题

1. 怎样激发自我潜能？
2. 你是谁？你想成为谁？

本章小结

潜能是代表一个人潜在的、尚未完全表现出来的能力倾向，它是个人发展的一种内在特质，是由智能、个性、兴趣、动机或价值观等多种因素构成，并与环境交互作用的一个有机整体。个人潜能既包括一些天赋，又包括一些后天学习的经验，最终形成个人的一种独特风格与发展势能。

潜能开发，就是用有效的方式消除自我设限，开发自身的内在潜力。

潜能开发的过程，是一个自我发现的过程，是指有意识地运用各种方式，使大脑得到丰富而充足的刺激，激活与提升大脑功能，使其随着大脑发展的进程更为完整，从而使我们的内在潜力不断显化的过程。潜能开发的关键就是寻找"可能性"，而最大的障碍就是"不可能"的自我设限。

开发潜能有五大要素，即高度的自信、坚定的意志、强烈的愿望、积极的心态、全面地改变自我。

潜能开发的途径和方法很多，我们可以选择适合自己的方式经常练习，不断学习，不断突破，持之以恒，这样不仅能帮助我们全面改变自己，达成目标和期望，实现梦想，成为最优秀的自己，还能让我们享受改变的过程，让改变充满乐趣，获得成功幸福的人生。

作 业

请根据自己的理解完成下面的表格。

1. 写下你已经放弃,却又能改变你人生的决定。 2. 既然你已做了一个真正的决定,就要马上行动。 3. 哪三件事是你可以马上进行,并且对你的新决定有帮助的? 4. 你可以做什么承诺?你可以做什么与旧习惯不同的事情? 5. 将你可以立即做的事情做一张表,并马上实现它们。

第四章 团队意识训练

［学习目标］

1. 了解团队的含义及个人在团队中的角色；
2. 了解团队的重要性和高效团队的特征；
3. 理解“团队赢、个人赢”的含义和价值；
4. 掌握增强高效团队的方法和团队出现问题时的解决方法。

［导入］

寓言故事

在非洲草原上如果见到羚羊在奔跑，那一定是狮子来了；

如果见到狮子在躲避，那就是象群发怒了；

如果见到成百上千的狮子和大象集体逃命的壮观景象，那是什么来了？

——蚂蚁军团！

你可以让你的团队实现腾飞——团队所能实现的目标永远不是一群乌合之众所能实现的。

团队广泛存在于组织和部门当中。每个团队的建立和成熟需要经历一定的过程，但是这个过程不是自发的，而是要经过有意识的发展和培养。但是，一个团队可能无所事事或者形同散沙，也可能是凝心聚力或者有“团队赢、个人赢”的价值观。那么，你应该从何处下手？怎样才能将它发展成一支优秀的团队，而避免成为一支无所事事或者形同散沙的队伍？如何将团队打造成一个高效团队？

这是本章要讨论和学习的内容，可以帮助你分析和处理团队内部的问题、团队之间的问题，帮助你进行团队建设，实现团队腾飞。

第一节 团队概述

个人的发展离不开团队的发展，只有将每个人的目标与团队的目标融为一体，才会随着团队的发展共同达成团队目标，进而实现个人目标和价值。

一、团队的含义

1. 团队的概念

不同的学者、不同的教材，对团队有不同的定义。有学者认为团队是由员工和管理层组成的一个共同体,该共同体合理利用每一个成员的知识和技能协同工作,解决问题,实现共同的目标。

也有学者认为团队是指有明确目标与个人角色定位,强调自主管理、自我控制、沟通良好、和谐合作的一种扁平型组织形式。

而管理学家斯蒂芬·P. 罗宾斯则认为团队就是由两个或者两个以上相互作用、相互依赖的个体,为了特定目标而按照一定规则结合在一起的组织。

本书倾向于采纳第二种概念,认为团队的责任不单纯是完成团队的目标,更是合理地将团队目标和个人目标有机结合,实现"团队赢、个人赢"的团队精神。

据此,一群人在一起要成为一个团队必须具备以下5个条件:

①团队的存在是为了实现共同的目标;

②团队成员为了实现共同的目标而相互协作;

③团队具有约束力,而且在一定时期内保持稳定;

④团队成员具有管理自己的工作和内部各种流程的权限;

⑤团队在一个更大范围的组织内运作,通常与其他团队相联系。

2. 团队构成要素

团队有几个重要的构成要素,总结为5P。

1)目标(Purpose)

团队应该有一个既定的目标,为团队成员导航,知道要向何处去。如果没有目标,团队就没有存在的价值。

团队的目标必须跟组织的目标一致。此外,还可以把大目标分成小目标,具体分到各个团队成员身上,大家合力实现这个共同目标。同时,目标还应该有效地向大众传播,让团队内外的成员都知道,有时甚至可以把目标贴在团队成员的办公桌上、会议室里,以激励所有人为这个目标而努力工作。

2)人(People)

知识链接

小知识

自然界中有一种昆虫很喜欢吃三叶草(也叫鸡公叶)。这种昆虫在吃食物的时候都是成群结队的,第一个趴在第二个的身上,第二个趴在第三个的身上,由一只昆虫带队去寻找食物,这些昆虫连接起来就像一节一节的火车车厢。管理学家做了一个实验,把这些像火车车厢一样的昆虫连在一起,组成一个圆圈,然后在圆圈中放了它们喜欢吃的三叶草。结果它们爬得精疲力竭也吃不到这些三叶草。这个例子说明当团队失去目标,团队成员就不知道何去何从,最后的结果可能是饿死,这个团队存在的价值可能就要大打折扣。

人是构成团队最核心的力量。两个(包含两个)以上的人就可以构成团队。目标是通过人员具体实现的,所以人员是团队中非常重要的部分。在一个团队中可能需要有人出主意,有人订计划,有人实施,有人协调不同的人一起去工作,还有人去监督团队工作的进展情况,评价团队最终的贡献。不同的人通过分工来共同完成团队的目标,在人员选择方面要考虑人员的能力如何,技能是否互补,人员的经验如何。

3)团队的定位(Place)

团队的定位包含两层意思:①团队的定位,即团队在企业中处于什么位置,由谁选择和决定团队的成员,团队最终应对谁负责,团队采取什么方式激励下属。②个体的定位,即各成员在团队中扮演什么角色,是订计划还是具体实施或评估。

4)权限(Power)

团队中领导者的权力大小跟团队的发展阶段相关。一般来说,团队越成熟,领导者所拥有的权力相应越小,领导权在团队发展的初期阶段是相对比较集中的。团队权限关系包括以下两个方面:①整个团队在组织中拥有什么样的决定权?比如财务决定权、人事决定权、信息决定权。②组织有哪些基本特征?比如组织的规模有多大,团队的数量是否足够多,组织对团队的授权有多大,它的业务是什么类型。

5)计划(Plan)

计划包含以下两层含义:①目标最终的实现,需要一系列具体的行动方案,可以把计划理解成目标的具体工作程序。②提前按计划进行可以保证团队的进度。只有按计划操作,团队才会一步一步地靠近目标,从而最终实现目标。

3.团队类型

在许多组织中,团队是完成工作的基本单位。表4.1举例说明了不同类型的团队。

表4.1 团队的类型

分类标准	类 型	特 点
领导方式	有明确领导的团队	有正式的团队领导
	自我管理型团队	自我管理,无正式领导
工作方式	日常工作团队	处理日常工作
	项目团队/特别工作团队	从事一次性项目,完成项目后团队即解散
	质量团队	生产优质产品,提供优质服务
组成人员	供销团队	包括消费者和供应商
交流方式	虚拟或电子团队	电子交流,很少面对面交流

一个团队可能属于多个类型,可能是虚拟团队、质量团队或自我管理团队、项目团队。根据不同的组建方式,团队的类型可分为以下4种:过程改进团队、工作团队、自我管理团队和其他团队。

①过程改进团队是指改进或开发某个具体业务的过程中组建的项目团队。团队成员为

了实现一个特定目标而走到一起，由一个完善的项目计划指引，并以协商的方式开始和结束。其特点是跨职能部门。

②工作团队，有时也称自发型团队，对某一特殊过程（如一个部门、一条产品线或业务过程的一个阶段）负责，成员在一个共同的环境里协同工作。

③自我管理团队是指直接管理所在过程或部门的日常运作的员工群体。自我管理团队比工作团队具有更高的自主性，要求更多的事前计划、支持结构以及培训系统。

④其他团队包括临时团队。临时团队指在一定弹性组织中，由于需要解决某个具体的问题或情况而临时组建的团队。临时团队有以下几种类型：

a. 部门内组型团队。有些组织会在部门内部拓展主管和员工的才能与责任范围。例如：一名会计经理和其下属几名科长一起设计一套复杂的工作程序，直到这些科长有能力承担这项工作才放手，然后他就能有更多时间与顾客交谈，判断如何进一步满足顾客的需要。那些科长也比较清楚工作流程，并寻求改善方法。他们也让自己的团队参与解决问题，培养大家承担更多责任的能力，做与本身工作有关的决策。

b. 破解难题型团队。有些组织会以特殊方式，运用临时性的破解难题团队和机动小组来对付一些问题。例如：一名制造部门经理，得知公司有一连串引进某个新产品的计划，就派一支团队研究生产这些产品所需的空间与设备，并计划将作业现场进行重新配置，以配合产品的生产。

c. 跨越部门型团队。有些组织成立永久性的跨部门团队，以便监督、改善横跨不同部门的作业程序，并使这些程序标准化。例如：一家批发配销公司认定对顾客最有利的作业改善方式就是缩减客户订单往返的时间，于是订单登录、订单处理、发票、盘存控制和发货等部门组成了一支跨部门团队，找出避免迟交订货的方法，以及节省时间的改进程序。

d. 自我督导型团队。少数组织会成立自我督导或自我管理的团队。在此要强调一点，这类团队并非完全无人管理，而是以不同的方式管理。例如：一名杂志发行人认为编辑幕僚——包括撰稿人员、文字编辑、摄影人员和制作人员——有能力做更多与日常工作有关的决策，便将这些人训练、发展成自我督导团队，逐步接下分派题目、安排作业、分配资源、追踪截稿进度的工作。这个团队负责交出文字、照片和版面设计等杂志上非广告的部分，主编则继续为这个团队的整体表现负责，等到整个团队熟能生巧，获得信心后，再逐渐退居幕后，不插手日常决策和工作。最后则通过周会和不定期个别谈话，与幕僚们保持工作上的接触，以便有更多的时间和发行人及总编辑讨论策略性计划，并为这支团队提供资源、资讯和指导。

4. 团队的优势

团队本身就是一个“人”，是一个“超人”，团队里的每个人就是超人的零件。团队成员在面临挑战时能够相互交流，不同成员之间相互帮助，弥补彼此的不足，这样的团队才具有较强的战斗力，从而体现团队工作的优势。

相对于个人来说，团队工作有如下优势：

①协作。团队成员具有共同的目标,一个真正的团队能够完成的工作并不是团队成员各自工作的简单叠加。

②提高效率。随着团队找到最有效的工作方式,工作效率必将随之提高。

③增强团队使命感。随着团队的成熟,团队成员具有更强的使命感并能相互约束。

④充分利用成员的技术与技能。能够安排团队成员做他们擅长的工作。

⑤合理决策。更多的人参与讨论并发表意见。

⑥能较灵活地适应环境的变比。与个人相比,团队的工作方式能更好地应对变化。

⑦加强工作的整体协调性。不同成员相互配合完成工作。

训练与练习

问题:结合上面所学内容,判断下面列举的这些是否属于团队:

1. 龙舟队;

2. 某公司为某个项目专门成立的销售小组;

3. 旅游团;

4. 火车站的一个候车室内的乘客。

二、团队的发展阶段

一支团队的发展就好像植物的生长过程,通常要经历一系列的阶段。

1. 形成阶段

在这个阶段,团队的各个成员刚刚聚集到一起,每个人都迫切地想知道他们的工作任务是什么。他们会思考一些问题,如我们到这里要做什么、该怎么做。当他们面对突发的情况时,有的十分焦虑,有的局促不安。在这一阶段,成员之间的信任一般处于低谷状态(除非成员原来就相互认识和了解)。这一阶段团队进行的主要活动是交流思想和收集信息。

团队成员由不同动机、需求与特性的人组成,此阶段缺乏共同的目标,彼此之间的关系也尚未建立起来,人与人之间的了解与信赖不足,尚在磨合之中,整个团队还没建立规范,或者对于规矩尚未形成共同看法。这时团队内部矛盾很多,内耗很大,一致性很少。

2. 波动阶段

当团队从互相交流信息转向拥有共同目标时,各个成员之间可能会出现意见不一、产生矛盾或陷入冲突的状况。这是一个充满竞争且积极向上的阶段。如果处理得当,这一阶段将富有创造性。

经过一段时间的努力,团队成员逐渐了解领导者的想法与组织的目标,成员之间也经由熟悉而产生默契,也渐渐了解了组织的规矩,违规的事项逐渐减少。这时日常事务都能正常运作,领导者不必特别费心,也能维持一定的生产力。但是组织对领导者的依赖性很强,主要的决策与问题,需要领导者指示才能进行。领导者一般非常辛苦,如果其他事务繁忙,极有可能耽误决策的进度。

3. 规范化阶段

在这一阶段,团队成员需要相互配合来达到目标,也就是说,他们要为工作方式制订准则和程序。当团队成员理解了各自的工作任务并相互信任后,团队开始和谐发展。团队成员感到自己是团队的一部分,并意识到接受他人的观点有助于更好地完成任务。

借由领导者的努力建立开放的氛围,允许成员提出不同的意见与看法,甚至鼓励建设性的冲突。目标由领导者制订转变为团队成员的共同愿景,团队关系从保持距离、客客气气变成互相信赖、坦诚相见,规范由外在限制变成内在承诺。此阶段团队成员融为一体,愿意为团队奉献,智慧与创意源源不断。

4. 成熟阶段

在成熟阶段,团队在公开、信任的氛围里工作。在这种氛围中,灵活性至关重要。在本阶段,团队工作顺利开展并取得一定成功。团队成员之间能够相互理解并领悟工作的实质。他们会受到鼓舞,并努力实现目标。团队主要致力于完成工作任务。

借由过去的努力,组织形成强有力的团队,所有人都有强烈的一体感,组织爆发出前所未有的潜能,创造出非凡的成果,并且能以合理的成本高度满足客户的需求。

团队发展的四个阶段只是一个理想模型,现实情况会与该模型存在一定的差异,团队会在这些阶段之间有所波动。各个阶段之间的转变可能没有明显的分界线,而且会来回波动,例如有些团队在波动之前就进入了规范化阶段,而另外一些团队也可能在规范化阶段后再次回到波动阶段。

三、团队的发展方法

了解了团队所处的阶段,就需要采用一定的发展方法使团队早日成熟。在决定发展方法之前,需要对团队有清楚的认识并了解团队发展每个阶段可能发生的事件,明确团队目前所处的阶段。在此基础上,才能找到促进团队发展的方法,才能使团队顺利发展。

团队发展方法的基础是三环领导力模型的理论。在不同阶段,团队注重不同的领导行为:完成任务、建设团队、发展个人。换句话说,在不同阶段,任务需要、团队需要和个人需要三方所占的比重不同,因而团队领导者需要在不同阶段注重不同的角色和任务。

1. 团队的发展方法——形成阶段

阶段目标:立即掌握团队,快速让成员进入状态,降低不稳定的风险,确保事情的进行。

团队需要在形成阶段处于中等水平,团队还在探索发展方式和操作方式。此时的团队领导者需要通过自由讨论、召开会议等活动来帮助团队成员相互认识和了解,以便在工作中建立信任并进行合作。

形成阶段的任务需要很低——只有在群体成为一支团队之后才能真正开始解决工作中的问题、完成工作任务。但是,在这一阶段,团队领导者可以向团队成员介绍自己的观点,回答“我们要做什么”。虽然这一阶段的主要问题不是任务需求的问题，但也需要慢慢推动工作进展。

此阶段的领导风格要采取控制型，不能放任，目标由领导者设立（但要合理），清晰直接地告知想法和目的，不能让成员自己想象或猜测，否则容易走样。成员关系方面要强调互相支持，互相帮忙。此时期人与人之间关系尚未稳定，因此不能太过坦诚（例如刚到公司的小伙子，领导问他：“你有什么意见没有？”他最好回答：“我还需要多多学习，请领导多指点。”如果他果真认真地指出缺点与问题，即使很实际，也可能不会得到肯定与认同），此时期也要快速建立必要的规范，不需要完美，但需要尽快让团队工作进入正轨。这时期规定不能太多太烦琐，否则不易被理解，又会绊手绊脚。

2. 团队的发展方法——波动阶段

阶段目标：挑选核心成员，培养核心成员的能力，建立更广泛的授权与更清晰的权责划分。

在波动阶段，个人需要保持较高水平，因此团队必须继续满足个人的需要并使团队成员安心。随着成员提出不同的观点，例如应该做什么、应该如何协调等，团队需要逐渐提高。这时要注意产生问题的信号，并避免少数的几个人在群体中占据绝对优势。随着冲突的产生，把冲突公开并帮助团队成员解决冲突这项任务变得越来越重要。

任务需要在此阶段仍处于较低水平，因为团队仍旧处在发展过程中。团队领导者需要把任务视为推动团队发展并解决波动问题的工具。

此阶段的领导重点是在可掌握的情况下，对于较为短期的目标与日常事务，授权下属直接进行，定期检查并维持必要的监督。在成员能接受的范围内提出善意的建议，如果有新人进入，必须尽快使其融入团队，部分成员可以参与决策。但在逐渐授权的过程中，要同时维持控制，不能一下子放权太多，否则回收权力时会导致士气受挫。配合培训是此时期很重要的事情。

3. 团队的发展方法——规范化阶段

阶段目标：建立愿景，形成自主化团队，调和差异，运用创造力。

在规范化阶段，个人可以得心应手地处理在团队中遇到的事情，因为他们的个人需求在某种程度上降低了。

此阶段团队需要仍然很高，因为团队正致力于在行动准则和工作程序上达成一致。团队领导者在本阶段的工作是激励创新并督促每个团队成员全力以赴。

在此阶段，任务需要的重要性开始凸显，团队领导者应该注重目标的确定，激励团队成员为目标做出贡献，并加强团队成员之间的合作。

这时领导者必须创造参与的环境，并以身作则，容许差异与不同的声音。初期会有一段时间的混乱，许多领导者害怕混乱，又重新加以控制，会导致不良的后果。此时期领导者可借助建立共同愿景与团队学习，有效地渡过难关。此时期是否转型成功，是组织长远发展的关键。

4. 团队的发展方法——成熟阶段

阶段目标:保持成长的动力,避免老化。

在成熟阶段,个人与团队需要处于中等水平。团队领导者将精力主要放在任务需要上,帮助团队执行并监控计划,时刻谨记团队目标。

这个阶段要小心团队退回到前一个阶段。例如,当有新成员加入时,团队经常会退回到规范化阶段。如果发生了这种情况,要尽快修正行动,回到成熟阶段。

运用系统思考,综观全局,并保持危机意识,持续学习,持续成长。

四、团队角色

要顺利完成工作,团队成员就必须充当各种各样不同的角色。在此并非谈论传统意义上的任务角色(诸如推销员和生产操作员),因为传统的任务角色仅从工作描述就能看出来。我们现在思考的是与团队建设有关的角色,如有创新精神的角色或者喜欢积极进取的角色。不同的人可能习惯于担当不同的角色,所以团队需要鼓励团队成员积极承担不同的角色。只有如此,团队才能实现各种各样的目标。

一支完全由"谋士"组成的团队将十分擅长产生各种新的想法。但是,当对各种想法进行评估并具体实施时,这支团队或许就不会有什么出色表现了。团队总是需要人们扮演各种各样相互补充的角色,只有如此,团队才不是个体的简单叠加。

团队成员中至少需要包括两种角色(成员):

①执行任务的人员——保证团队任务的进度;

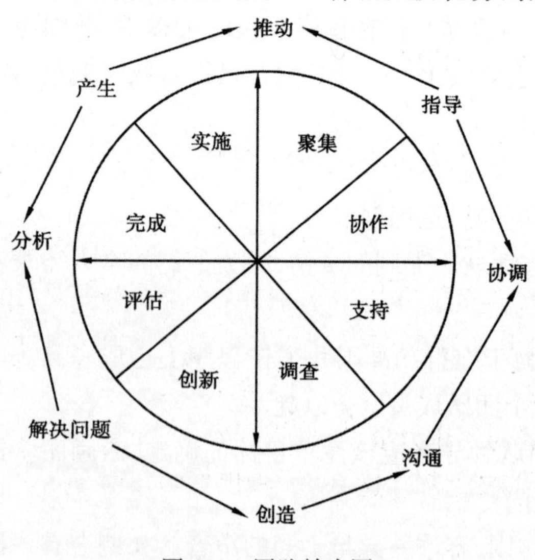

图4.1 团队效力圈

②维护人员——维持成员之间的和谐关系与团队的稳定,其工作包括处理冲突、维护人际关系、帮助团队解决问题等。

著名学者伊莱斯·怀特提出了"团队效力圈"的概念,分析了团队中各种不同的角色(见图4.1)。

在图4.1中,推动、创造、分析和协调是四大作用,它们分别建立在两两互补的基础之上。除这四大作用外还有指导、产生、解决问题和沟通,这里的每种作用都与辅助作用相结合。例如,解决问题既需要创新(提出新思想),也需要评估(找到最好的思想)。表4.2列出了团队中包含的各类角色,这些角色与“团队效力圈”中的角色相对应。

表4.2　团队角色范例

角　色	所说的话或所作所为举例
谋士(创新)	“试试……怎么样?” “关于这个问题,我有一个新的想法……”
推动者(聚焦)	“注意,只剩20分钟了,我们开始干吧……” “现在问题有点棘手,因为……”
挑战者(完成)	“这样是最好的方法吗?” “我们为什么要做这件事呢?”
关心细节者(评估)	“可是,经济上我们能否承受呢?” “这一环节由谁负责呢?”
实施人员(实施)	做好工作; 处理未完成的事; 检查每个人的行为
资源调查员(调查)	寻找并获得信息、联系方式和其他资源
协调人员(协作)	帮助人们相处; 解决棘手问题
领导者(支持)	推动所有角色,如管弦乐队的指挥

第二节　高效团队

有一句话叫作“人多力量大”。其实,在群体组织中,并不必然得出1+1>2的结果,德国科学家瑞格尔曼的拉绳实验也说明了这一点。

在拉绳实验中,参与测试者被分成4组,每组分别为1人、2人、3人和8人。瑞格尔曼要求各组用尽全力拉绳,同时用灵敏的测力器分别测量拉力。测量的结果有些出乎人们的意料:二人组的拉力只为单独拉绳时二人拉力总和的95%;三人组的拉力只是单独拉绳时三人拉力总和的85%;而八人组的拉力则降到单独拉绳时八人拉力总和的49%。

现代社会把人们组织起来,就是要发挥团队的整体力量,使团队整体大于各部分之和。而拉绳实验却告诉我们1+1<2,即整体小于各部分之和。这一结果向团队的组织者发出了挑战。

一、团队效能的影响因素

1. 团队效能

所谓团队效能，指的是团队的生产力。具体地说，团队效能是指在规定的项目环境条件下和规定的时间内，对团队完成规定任务程度的度量。它是团队的能力、可信赖度和适应性的函数，是决定成功或失败的关键要素。

团队效能如何体现出一个团队完成团队目标、满足成员的需要和维持自身存在的程度。它具有三层含义：首先，大部分团队的存在和运转都是为了实现某些组织目标；其次，团队效能依赖于团队成员的满意度及个体需要和目标的实现；最后，团队效能还表现在团队本身的生存能力上。因此，团队效能是团队成员围绕团队目标而努力实现的一种理想结果。

从狭义上来讲，团队效能指团队绩效。不少学者在研究中使用这种单一的维度来测量团队效能。从广义上来讲，团队效能也称团队产出或者效能产出。早在1964年，麦克·格拉斯就指出，团队产出指一个或多个团队成员认为有价值的团队活动的结果和副产品，通常包括团队绩效（质量和数量）以及成员的情感反应（满意度和承诺等）。这种两维划分的方式在后来的研究中得到了广泛的应用。科恩和贝利团队也认同团队效能包含组织背景下的各种产出变量。不过，他们认为，团队效能应包括团队绩效、团队成员态度与团队成员行为三大维度。其中团队成员行为这个维度在此前的文献中很少提到。

2. 团队效能的影响因素

影响团队效能的因素是多方面的，不同学者对此也进行了相应的研究。坎皮恩等通过团队的特性来预测团队效能，他整理出了影响团队效能的五大主题，包括19个特性。哈克曼等则从个人、团队和组织三个层面来探讨影响团队效能的因素。陈旭在总结团队领导者对团队绩效的影响机理基础上，以交易型领导、变革型领导和家长型领导为对象，探讨了不同类型的团队领导者对团队绩效的影响机理。还有学者从实证角度出发对团队效能的影响因素作了相应研究。周志成和朱月龙通过对团队领导者行为对团队效能影响进行实证研究，结果表明变革型领导的动机激励、领导魅力和个性化关怀维度对团队效能影响显著。赵嵩正、肖伟通过实证研究表明，虚拟团队绩效的影响因素主要体现在五个维度，即目标一致性、信息技术能力、成员素质、领导能力和沟通协调能力。骆豫蜀等以问卷的形式进行实证分析，结果表明团队变革型领导风格的四个维度（团队特征、团队领导风格、沟通程度、决策一致性）与团队效能都积极相关。可以看出，影响团队效能的因素很多，如团队结构、团队组成、团队领导者、成员特性、环境因素、团队互动过程等。

影响团队效能的各种因素也是一个团队运作发展必不可少的条件。本书将影响团队效能的影响因素归纳为内在因素和外在因素。

一是内在因素，包括团队领导者因素和成员个人因素。

人是组织中最关键的要素。把人组织好,配置好,各司其职,各负其责,真正做到人尽其才,才尽其用,获得最大的使用价值和经营价值,才能确保组织有效地生存和发展。团队领导者是团队发展的领跑人。在团队互动过程中,团队目标的达成、任务的安排、决策的制订和执行都离不开领导者的辅助和支持。此外,团队效能的发挥也离不开团队成员的相互配合。团队是若干成员的集合,这个集合中包括了每个成员的能力构成、人格特征、多样性、灵活性及工作偏好,这些要素会直接或间接通过团队互动过程影响团队效能。

二是外在因素,主要体现在组织和团队环境方面。

团队处于组织环境之中,团队效能的最佳发挥依赖于组织提供的各种资源支持及和谐的文化氛围,这种资源支持包括完善的薪酬系统、畅通的沟通机制、健全的组织结构、充足的人员及设备等。此外,和谐的文化氛围是组织发展的保护伞,它能使团队成员在工作中相互交流、增进合作,培养彼此间的信任,增强对团队的归属感。

二、高效团队的特征

创建一支高效团队,对领导者来说是有百益而无一害的。假如你能努力做到的话,你将获得以下好处:

①"人多好办事",团队整体动力可以完成无法独立完成的大事。

②可以使每位伙伴的技能发挥到极限。

③成员有参与感,会自发地努力工作。

④促使团队成员行为达到团队所要求的标准。

⑤提供给追随者足够的发展、学习和尝试的空间。

⑥刺激个人更有创意,有更好的表现。

⑦能有效解决重大问题。

⑧将冲突带来的损害减至最低。

⑨可设定明确、可行、有共识的个人和团体目标。

⑩团队成员纵使个性不同,也能相互合作和支持。

⑪团队成员碰到困难、挫折时,会相互支持、协助。

同时高效团队还具备如下特征:

1. 清晰的目标

高效的团队对所要达到的目标有清楚的了解,并坚信这一目标包含重大的意义和价值。而且,这种目标的重要性还激励着团队成员把个人目标升华到群体目标中去。在高效的团队中,成员愿意为团队目标作出承诺,清楚地知道团队希望他们做什么工作,以及他们怎样共同工作,最后完成任务。

2. 相关的技能

高效的团队是由一群有能力的成员组成的。他们具备实现理想目标所必需的技术和能力，而且相互之间有能够良好合作的个性品质，从而出色地完成任务。后者尤其重要，但却常常被人们忽视。有精湛技术的人并不一定就有处理群体内关系的高超技巧，高效团队的成员则往往兼而有之。

3. 一致的承诺

高效的团队成员对团队表现出高度的忠诚和承诺，为了能使群体获得成功，他们愿意做任何事情。我们把这种忠诚和奉献称为一致的承诺。

对成功团队的研究发现，团队成员对他们的群体具有认同感，他们把自己属于该群体的身份看作是自我的一个重要方面。因此，他们的特征表现为对群体目标的奉献精神，愿意为实现这一目标而调动和发挥自己的最大潜能。

4. 相互的信任

成员间相互信任是高效团队的显著特征，也就是说，每个成员对其他人的品行和能力都确信不疑。日常的人际关系中，信任是相当脆弱的，它需要大量的时间去培养而又很容易被破坏。而且，只有信任他人才能换来他人的信任，不信任只能导致不信任。

5. 良好的沟通

沟通是为了既定的目标，把信息、思想和情感在个人或群体间传递并达成共识的过程。团队协作过程中必不可少的环节就是沟通，没有沟通，团队成员间的信息得不到传递，想法得不到交流，情感得不到升华，目标也就无从实现。

6. 谈判技能

以个体为基础进行工作设计时，员工角色由工作说明、工作纪律、工作程序及其他正式文件明确规定。但对于高效团队来说，其成员角色具有灵活多变性，总在不断地进行调整。这就需要成员具备充分的谈判技能。由于团队问题和关系时常变换，成员必须能灵活应对这种情况。

7. 恰当的领导

作为一个正式群体，每一个团队均有其正式的合法合规的领导者。领导者是团队最具权威的管理者。无疑，领导者对团队目标的实现及工作的开展承担着第一责任。经验证明，一个团队有无合格的领导者，乃是团队工作能否实现高效的首要因素。合格的领导者能知人善任，能及时地对被领导者、被管理者，即对群体成员提供指导与帮助、支持与激励，强有力地带领他们去实现组织和团队的目标和任务。有效的领导者能够让团队跟随自己共同度过最艰难的时期，因为他能为团队指明前途所在。他们向成员阐明变革的可能性，鼓舞团队成员的自信心，帮助他们更充分地了解自己的潜力。

优秀的领导者不一定必须指示或控制，高效团队的领导者往往担任的是教练和后盾的角色，他们对团队提供指导和支持，但并不试图去控制它。

8. 内部和外部支持

要成为高效团队的最后一个必需条件就是它的支持环境。从内部条件来看，团队应拥有一个合理的基础结构。这包括适当的培训、一套易于理解的用以评估员工总体绩效的测量系统以及一个起支持作用的人力资源系统。恰当的基础结构应能够支持并强化成员行为以取得高绩效。从外部条件来看,管理层应给团队提供完成工作所必需的各种资源。

三、高效团队的打造

影响团队效能的诸多因素中,概括起来主要有内在因素和外在因素两个方面。其中最为关键的影响因素是人,其次是组织和团队环境。团队处于组织环境之中,为保证团队效能的最佳发挥,最终实现组织目标,团队的组建必须具有明确的任务与目标,做到人员的结构、规模合理,注重人员选择,而且团队的运作应有章可循,即目标关系要有内聚力,决策认同要有领导力,建章立制要有约束力,共识氛围要有一致力。

1. 目标关系:增强团队成员的内聚力

在一个组织中,目标影响个人、团队和组织的效能,团队存在于组织之中,个人和组织的目标会影响团队目标的确定和实现。赫尔曼认为,明确的目的与目标是群体协作的前提条件。在团队中必须明确界定团队的目标,做到团队成员的个人目标与团队目标保持一致,这是团队存在和发展的前提。这就要求在处理好个人、团队和组织目标关系的基础上,增强团队成员的内聚力。一是要努力培养团队相互信任的精神。团队成员间的相互信任可以增进合作,从而有效促进团队资源的合理利用,提高团队效能。二是要建立开放而坦诚的支持性沟通机制。团队沟通是完成工作任务,实现团队目标必不可少的环节。在团队中,上下级、成员间及时有效的沟通,能增强团队成员间的默契感,减少工作中产生的不必要的摩擦和冲突。三是要建立有效的团队薪酬系统。团队是由若干个体组成的集合,需要是个体行动的源泉和动力基础,是个体产生某种行为的内在动力。因此,合理的薪酬体系是激发成员团结向上、努力实现团队目标的物质保障。

2. 决策认同:提升团队决策的领导力

优秀的团队绝不会将自己局限于一种决策方式的制订,而是根据具体情境的变化作出适当的调整,即权变决策。团队领导者在团队决策过程中要充分运用领导力,帮助和支持团队找到正确的决策制订方法,使团队成员更好地理解和接受,达成决策认同。这首先要求团队领导者具备较强的组织协调能力和团队协作精神,在团队中调动成员工作的积极性和主动性,发挥团队凝聚力作用。其次,团队领导者还应具有独特的人格魅力和平易近人的亲和力,在团队中营造积极向上、和谐有序的文化氛围,善于倾听成员的不同声音,充分利用团队决策的优势,平衡个体贡献和团队运作。最后,团队领导者要了解和掌握科学的决策原理和方法,在遵循全局性、可行性、规范性、预测性和择优性原则的基础上掌握决策中的信息因素,作出科学合理的决策,取得团队成员的信任和支持,达成决策认同。

3. 建章立制:加强团队规范的约束力

马贾尔认为,团队规范的建立、团队支持与帮助的提供等能给予员工积极的情绪和一定的认知刺激,促进员工创新绩效的提高。在一个组织中有明确的行政制度和行为规范,团队作为组织中的一部分,也应有自己的团队规范。团队规范对团队成员具有无形的约束力,它所表达的是团队的核心价值观和目标。因此,团队可以借助规范使团队定位明确化,最终达到目标。这首先要求在组织中建立合理的规章制度和行为规范。组织制度和行为规范是一个组织内部“硬性”和“软性”的行为准则,也是组织文化的重要组成部分。其次,团队领导者要以身示范,认真遵守规范。但不可否认的是,团队的规范和规则同样也会被打破,面对违反规范的成员,领导者应耐心说服其改变做法,而非直接将其排除在外。最后,要因地制宜。众所周知,无规矩不成方圆,没有规范的团队将是混乱无序的,工作任务也难以完成。但是,规范和规则并非一成不变,过度或盲目地遵循可能使团队缺乏生机活力,甚至威胁到团队成员的个性表现和团队发展,这就要求团队规范的制订做到与时俱进,稳中有变。

4. 共识氛围:营造团队氛围的一致力

在一个组织中,良好的团队氛围主要依赖于组织文化对成员无形的熏陶、感染和诱导。团队文化的核心是组织的价值观。在这种价值观的影响下,团队成员会在潜移默化中接受组织的共同价值观及行为准则。在组织系统中,将团队成员凝聚起来的是一种信念、道德和心理的力量,而团队文化正是以微妙的方式来沟通组织内部人们的思想,使组织成员在统一的思想指导下,产生对组织目标、行为准则、经营观念等的“认同感”和作为组织成员的“使命感”。同时在组织氛围的作用下,组织成员通过自身的感受,产生对本职工作的“自豪感”和对组织的“归属感”。具体而言,营造和谐的团队氛围需要培养团队成员的团队精神,其核心是协同合作意识,最高境界是达到全体成员的向心力和凝聚力,还要通过各种规章制度来约束成员的行为。同时,鼓励和支持团队成员间的沟通交流和互助合作。值得注意的是,在营造团队氛围一致力时要与团队成员保持真诚的态度,取得成员的信任,关键在于攻心,即治人治心,攻心为上。管子在《心术篇》中就指出:“心安则国安,心治则国治,安也者心也,治也者心也。”赢得团队成员的向心力,这对营造和谐有序的团队氛围有重要的推动作用,从而促进团队效能的实现。

延伸阅读

如何带出狼一样的团队

带团队就是带野心、带梦想、带欲望、带状态。

经营企业的过程是一个借力的过程,只有越来越多的人愿意把力借给你,企业才会成功。不想做后勤的领导,不是好领导。作为老板,不要怕员工比你强,如果员工比你弱,说明你选人不当,把员工推到前台,给他们权力与责任,你在后面提供服务,这就是成功的秘诀。

1. 快战术、慢战略

市场环境下,“快”是战术性考虑,“慢”是战略性思考,快中有慢,慢中有快。把根扎深是成就一家真正伟大公司的基础。“快”是指战略和产品要不断创新,最好在市场之前作出反应;“慢”是指服务一定要做到最好。

2. 问员工的四个问题

“你的梦想是什么?”

“你现在离你的梦想有多远?”

“为了实现梦想你准备做多大的努力?”

“需要企业为你提供什么?”

3. 领导的三种状态

领导要学会“两眼睁大”“两眼紧闭”“睁一只眼闭一只眼”三种状态。“两眼睁大”即发现人才及其优点;“两眼紧闭”即不要插手已经授权的事,不信闲言风语;“睁一只眼闭一只眼”既要看到员工的错误,清醒地警惕任何错误的出现,但又要明白某些错误并不需要追究。

4. 激情澎湃走楼梯

坐电梯很快,但万一掉下去就没有机会了。走楼梯慢,但从12楼不小心摔下去,也不过是摔到12楼中间那个楼梯台,休息一段时间还可以继续往上爬。做企业要像走楼梯,但走楼梯的每一步都要走得激情澎湃。

5. 做人心得

总结四个字,“卡”“斌”“引”“尖”。卡——能上能下;斌——能文能武;引——能屈能伸;尖——能小能大。

6. 远行的准备

中国企业要想走得更远,必须做好以下四点:稳住底盘、适时扩张、全面内控、不断创新。

7. 没有一鸣惊人,只有默默无闻

那些一夜之间倒闭或一夜之间崛起的企业远远称不上卓越,卓越的企业是不会命悬一线和石破天惊的,有的只是平静、坚毅和持续改善。

8. 找好人不如找有缘人

有些老板错误地以为找到最能干的人就能办好公司,但多次失败后发现,比能力更重要的是一个人能否长久和你在一起,这点和婚姻一样。企业靠的是态度、情感、事业来留住员工,不要求他们忠诚于企业,只要求他们忠诚于自己的内心。

9. 信任的力量

一句“我相信你能做到”比“你必须做到”多了信任在里面,让员工能感受到“被尊重”,在此基础上他才能产生高度的责任感、使命感,竭尽全力地做好工作。

10. 借力

企业说到底是人,管理说到底是借力。失败的领导者以其一己之力解决众人问题,成功的领导者集众人之力解决企业问题。

案例讨论

案例1

美国加利福尼亚大学的学者做了这样一个实验:把六只猴子分别关在三间空房里,每间两只,房里分别放着一定数量的食物,但放的位置高度不一样。第一间房里的食物就放在地上,第二间房里的食物分别从易到难悬挂在不同高度的适当位置上,第三间房里的食物悬挂在房顶。

数日后,他们发现第一间房里的猴子一死一伤,伤的缺了耳朵断了腿,奄奄一息。第三间房子里的猴子也死了。只有第二间房里的猴子活得好好的。

究其原因,第一间房里的猴子一进房间就看到了地上的食物,于是,为了争夺唾手可得的食物而大动干戈,结果伤的伤,死的死。

第三间房里的猴子虽做了努力,但因食物悬挂得太高,难度过大,够不着,被活活饿死了。只有第二间房里的两只猴子先是凭着自己的本能蹦跳取食。最后,随着悬挂食物的高度增加,难度增大,两只猴子只有协作才能取得食物。于是,一只猴子托起另一只猴子跳起取食。这样,每天都能取得够吃的食物,很好地活了下来。

案例2

一个外企招聘职员,吸引了不少人前去应聘。应聘者中有本科生也有研究生,他们头脑聪明、博学多才,是同龄人中的佼佼者。

聪明的董事长知道,这些学生有渊博的知识作后盾,书本上的知识是难不倒他们的,于是,公司人事部就策划了一个别开生面的招聘会。

招聘开始了,董事长让前六名应聘者一起进来,然后发了15元钱,让他们去街上吃饭。并且要求,必须保证每个人都吃到饭,不能有一个人挨饿。

六个人从公司里出来,来到大街拐角处的一家餐厅。他们上前询问就餐情况,服务员告诉他们,虽然这儿米饭、面条的价格不高,但是每份最低也得3元。他们一合计,照这样的价格,六个人一共需要18元,可是现在手里只有15元,无法保证每人一份。于是,他们垂头丧气地出了餐厅。

回到公司,董事长问明情况后摇了摇头,说:“真的对不起,你们虽然都很有学问,但是都不适合在公司工作。”

其中一人不服气地问道:“15元钱怎么能保证六个人全都吃上饭?”

董事长笑了笑说:“我已经去过那家餐厅了,如果五个或五个以上的人去吃饭,餐厅就会免费加送一份。而你们是六个人,如果一起去吃的话,可以得到一份免费的午餐,可是你们每个人只想到自己,从没有想到凝聚起来成为一个团队。这只能说明一个问题,你们都是以自我为中心,没有一点团队合作精神的人。而缺少团队合作精神的公司,又有什么发展前途呢?”

听闻此话，六名大学生顿时哑口无言。

案例3

大雁有一种合作的本能，它们飞行时都呈V形。这些雁飞行时定期变换领导者，因为为首的雁在前面开路，能帮助它两边的雁形成局部的真空。科学家发现，雁以这种形式飞行，要比单独飞行多出12%的距离。合作可以产生1+1>2的倍增效果。

据统计，诺贝尔获奖项目中，因协作获奖的占三分之二以上。在诺贝尔奖设立的前25年，合作奖占41%，而现在则跃居80%。由此可以看出，分工合作正成为企业中工作方式的潮流被更多的管理者提倡，如果我们能把容易的事情变得简单，把简单的事情也变得很容易，我们做事的效率就会倍增。合作，就是简单化、专业化、标准化的一个关键。世界正逐步向简单化、专业化、标准化发展，于是合作的方式就理所当然地成了这个时代的产物。一个由相互联系、相互制约的若干部分组成的整体，经过优化设计后，整体功能能够大于部分之和，产生1+1>2的效果。

思考题

1. 团队合作的作用是什么？
2. 如何进行更好的团队合作？
3. 如何提升团队凝聚力？

本章小结

团队广泛存在于组织和部门中。每个团队的建立和成熟需要经历一定的过程，这种过程不是自发的，而是要经过有意识的发展和培养。

个人的发展离不开团队的发展，每个人只有当自己的目标与团队的目标融为一体，同舟共济的时候，才会随着团队的发展共同达成团队目标，进而实现个人目标和价值。

团队有几个重要的构成要素，总结为5P：目标（Purpose）、人（People）、团队的定位（Place）、权限（Power）、计划（Plan）。

一个团队可能属于多个类型，可能是虚拟团队、质量团队、自我管理团队或项目团队。根据不同的组建方式，团队的类型有过程改进团队、工作团队、自我管理团队和其他团队四种。

团队的发展就像植物的生长过程，通常要经历一系列的阶段，其中包括形成阶段、波动阶段、规范化阶段、成熟阶段。

良好的团队氛围主要依赖于组织文化对成员无形的熏陶、感染和引导。团队文化的核心是组织的价值观。在这种价值观的影响下，团队成员会在潜移默化中接受组织的共同价值观及行为准则。在组织系统中，团队成员凝聚起来的是信念、道德和心理的力量，而团队文化正是以微妙的方式来沟通组织内部成员的思想，使组织成员在统一的思想指导下，产生对组织目标、行为准则、经营观念等的"认同感"和作为组织成员的"使命感"。

作　业

请根据自己的理解完成下面的表格。

团队合作有哪些优势？
如何打造好自己的团队？

第五章　自信心训练

[学习目标]

1. 指导学生消除紧张恐惧心理,学习培养自信心的方法。

2. 引导学生正确认识自我,学会对自己的能力有一个正确的认识和客观的评价。

3. 通过学习让学生掌握自信训练的基本步骤,并在生活中运用。

4. 通过训练逐步消除学生的自卑心理,避免自信的两大误区——自负与自卑。

[导入]

有一个古老的印第安人的传说:一天,一个印第安小男孩拾到一颗鹰蛋,把它放到松鸡窝里,后来小鹰和其他小松鸡一样,平日也在土里找虫子、种子吃。有一次,它看见一只大鸟在空中飞翔,那金黄色的翅膀有力地一振就能穿入云霄,小鹰羡慕不已,向松鸡打听,才知道那是一只鹰。于是它也想像鹰那样到高空去翱翔,但却只能拍打几下翅膀,抖抖羽毛,怎么也飞不起来。以后,它也不再想锻炼高飞,慢慢地老死了。

既然是鹰,本来可以到高空飞翔,可小鹰为什么飞不起来了呢?原因就在于缺乏自信心和艰苦的磨炼。我们把这种原本有好的素质,却由于不利环境的影响而造成缺乏信心和锻炼,最终惨败的现象叫作"鸡孵效应"。鹰,就该让它飞起来!

我们人类也是如此,只有自己相信自己才能做好一切事情,才能成就一番事业,自信的人才受人尊敬。毛泽东同志曾经写过这样的诗词:"自信人生二百年,会当击水三千里。"充分说明了自信的重要性。美国作家爱默生说:"自信是成功的第一秘诀。"可以说,拥有自信就拥有无限机会。有志于成才、成功的人请培养你的自信。大学生面临着就业的压力,面对着人才的竞争,必须提高能力,增强自信心,在未来的工作和生活中发挥自己的才能,为祖国建设尽自己的一分力量。

第一节　自信心概述

自信心是日常生活中常常被谈起的一个概念,而在心理学中,与自信心最接近的是班杜拉在社会学理论中提出的自我效能感(Self-efficacy)的概念。自我效能感指个体对自身成功应付特定情境的能力的估价。班杜拉认为,自我效能感关心的不是某人具有什么技能,而是个体用其拥有的技能能够做些什么。

信心是指对行为必定成功的信念。信心的表现包括对行动实现难度的外在认知、情绪和外在意识三个方面的构成要素。有时激增信心中的任何一个表现要素,都会引发另外两个要素的相应反应,这也就是外在认知、情绪和外在意识这三个要素的协调一致性。

自信与不自信原本是描述人在社会适应中的一种自然心境,即人尝试用自己有限的经验去把握这个陌生世界时的心理过程。这种心境可以割裂为两个方面:自信与不自信。这种割裂逼迫人们采用对立的思维,或二律背反、非此即彼的观察方法。于是自信与不自信从一种原本统一只是有起有伏的心境变成截然相反、不能并存的两件事。你是自信的,就不可能同时也是不自信的。事实上看起来自信的人,往往需要努力忽视内心的不自信,表现出自信的样子。

一、什么是自信

自信又叫自信心,是人们在正确认识自己的基础上,知道自己的长处和优势,能愉快地接纳自己,相信自己的能力和才干。简单地说,自信就是指一个人对自己的积极感受,是一个人相信自己的能力的心理状态,即相信自己有能力实现自己既定目标的心理倾向。自信是建立在对自己正确认知基础上的、对自己实力的正确估计和积极肯定,是自我意识的重要成分,是心理健康的一种表现,是学习、事业成功的有利心理条件。

一个人的自信心经常是以外在的行为表现出来的,如达到目标的决心和恒心、对待困难的乐观豁达、与人交往的真诚自如。从这些具体的行为表现中可以看出,所有自信的行为都具有一个重要特点,即相信自己的能力和精力。

因此我们给自信心这样定义:自信心是指个体相信自己的能力和精力的一种主观倾向,简单地说,就是对自我的确信程度。一般而言,我们总会以一种或褒或贬的态度来看待自己,这种对自我的体验和对自我的评价的高低就决定了人的自信水平。

从自信心的结构成分上分析,自信心不仅仅是一种行为表现,也就是说某些人具有自信的行为模式本身不等于有了自信心。行为只是反映自信的一个方面而不是全部。自信心不仅表现出一种行为,更是一种观念、一种态度,即对自我体验、自我评价和自我接纳的综合体。自信心起初是从自我体验开始的。

自我体验是个体在自尊的需要是否获得满足时引起的一种内心情感体验。自我体验细腻、敏感而深刻的人,对自我评价、自我接纳有重大影响,他们或者肯定自己,悦纳和尊重自己;或者否定自己,产生不满、轻视、自卑等情绪。所以自我体验是自我评价、自我接纳的基础,也是自信心产生的内在动机。当自我体验赋予人勇气后,就开始急切地要求了解自己,而且还懂得通过了解别人来发现自己、认识自己,并学会与别人对比,这就进入了自我评价阶段。

自我评价是指个体在自我体验的基础上产生的对自己的认识,并由此形成的对自己或褒或贬的态度。

自我评价过程本身具有不同功能：一方面自我评价是认识过程，为了进行有效的活动，一个人要客观地了解自己；另一方面，自我评价往往是心理防御的手段。当自己的现实条件与理想不符时，往往会对自我进行不正确的评价，如要获得优良的自我形象的欲望，常使人高估自己的优点而低估自己的缺点。同时自我评价的水平常常受他人的影响，能够辩证地、一分为二地认识自己的缺点和不足是发展自信心的前提，自我接纳就建立在这种基础上。自我接纳就是在正确评价的基础上无条件地接受自己的一切。无论是好的或坏的，成功的或失败的，有价值的或无价值的。平静、理智地对待自己的长短处，得失成败，以发展的眼光看待自己，既不以虚幻的自我来补偿内心的空虚，也不消极回避现实，在自我悦纳的基础上，培养自信的心理能力。自我接纳不是一件容易的事，由于自我认识的偏差，人们常常出现过度的自我接受和过度的自我拒绝。自信心是一个人自我体验、自我评价、自我接纳三者的综合反映，它们相互依存、相互作用，共同促成自信的行为。

二、大学生自信心与自我价值感问卷

以下调查问卷中的题目是从不同的侧面对自己的种种评价。请仔细阅读问卷，然后按自己的情况作答。答案无对错之分。

回答时请注意：回答每一道题都要根据自己的实际情况填写，如表5.1和表5.2所示。

表5.1 大学生自信心调查问卷

学院： 年级： 性别：男 女

大学生自我价值感	完全不符合	部分不符合	确定	部分符合	完全符合
1. 我喜欢主动与人交往。					
2. 我能从失败中吸取教训，作为今后个人成功的动力。					
3. 我的父母能让我顺其自然地发展。					
4. 在班上，我是一个无足轻重的人物。					
5. 我觉得我的父母不关心我。					
6. 我是一个有出息的人。					
7. 总的来说，我对自己感到满意。					
8. 我的体质很好，能更好地为社会做贡献。					
9. 我的朋友很少，因为我对朋友很挑剔。					
10. 遭到失败后，我觉得自己在众人面前抬不起头。					
11. 我经常愿意独处，因为这样我感到自由。					
12. 父母总是让我去做一些我自己不喜欢的事情。					
13. 我对自己的生长发育状况感到满意。					

续表

大学生自我价值感	完全不符合	部分不符合	确定	部分符合	完全符合
14. 我的性格使自己的长处得到了更好的发展。					
15. 在学校里,我常常当干部。					
16. 我常常受疾病困扰,使我难以发挥自己的潜能。					
17. 我感到自己的长处得到了发挥。					
18. 我的父母不能容忍我与他们有不同的见解。					
19. 只要我认为道德的事就去做,别人怎么看我不在乎。					
20. 我勇于去做自己想做的事。					
21. 无论做什么事,我是按自己的标准来衡量好坏的。					
22. 我常常觉得自己一无是处。					
23. 我在同伴中很有威信。					
24. 我的身体很好,会有助于我今后的发展。					
25. 我觉得自己在团体中没有影响力。					
26. 不论成功或失败,我相信自己选择的道路。					
27. 我相信我的言行合乎社会道德标准。					
28. 我的诚实赢得了大家的信赖。					
29. 我经常帮助有困难的人,并感到快乐。					
30. 我看得起我自己。					
31. 我有能力支配自己的生活。					
32. 在众人的眼里,我是成不了大器的。					
33. 我的体态健美,令他人羡慕。					
34. 我相信天生我材必有用。					
35. 我的身体很健壮,常能为集体争得荣誉。					
36. 我在班上的表现常引起他人的关注。					
37. 我觉得自己的能力不如他人。					
38. 我觉得自己有能力在社会上成就一番事业。					
39. 多数人喜欢我的性格。					
40. 我觉得我能为自己的家庭幸福做贡献。					
41. 别人都不太喜欢我。					
42. 父母常因我做错一点小事而粗暴地惩罚我。					
43. 我是一个有用的人。					

续表

大学生自我价值感	完全不符合	部分不符合	确定	部分符合	完全符合
44. 我的长相常受到他人的赞扬。					
45. 我是一个道德高尚的人,人们都愿意跟我相处。					
46. 我讨厌我自己。					
47. 周围的人都看得起我。					
48. 我很少得到他人的夸奖。					
49. 我觉得自己做的事对得起良心。					
50. 我欣赏我的健康体魄。					
51. 我觉得我的生活过得充实又快乐。					
52. 我能够实现父母的期望,父母都器重我。					
53. 我觉得自己没有什么发展前途。					
54. 我不屑与周围的人交往。					
55. 我认为在道德行为上,只要自己把自己管好就行了。					
56. 对于我的爱好,我的父母常给予支持。					

表 5.2　罗森伯格自信心量表

	很不同意	不同意	同意	很同意
1. 我认为自己是个有价值的人,基本上与别人相等。				
2. 我觉得我有很多优点。				
3. 总的来说,我觉得我是一个失败者。				
4. 我做事的能力和大部分人一样强。				
5. 我觉得自己没有什么值得骄傲。				
6. 我对自己抱着肯定的态度。				
7. 总体而言,我对自己感到满意。				
8. 我希望我能够更多地尊重自己。				
9. 有时候我确实觉得自己很无用。				
10. 有时候我认为自己一无是处。				

注:罗森伯格自信心量表由美国心理学家罗森伯格(M. Rosenberg)制订,它是世界上最常用的测量个人自信心的量表。该表共有10个测试题,用以测量个人对自我感觉的好坏程度。该量表具有简单易懂、操作方便、可信度高等特点。

青少年学生自我价值感量表由黄希庭等编制,共56个题项,由总体自我价值感量表、一般自我价值感量表、特殊自我价值感量表3个分量表组成。其中一般自我价值感和特殊自我价值感分量表又分别包含社会取向自我价值感和个人取向自我价值感2个分量表,每个分量表又都包括人际、心理、道德、生理和家庭5个维度,各分量表的内部一致性系数为0.61~0.86。

三、正确认识自我

学生的自信心主要表现在以下几个方面:学习、精神状态、社交口才、能力、个性等。对学生来说,有自信就是要做到:相信自己能学好,知道自己该怎么学好并能认真去做;有良好的精神状态,能够笑对人生,即使遇到困难和阻力也不轻易改变信念或者放弃;相信自己的社交能力,能够和多数人融洽地相处,轻松自如地交往;对自己的能力充满信心,相信自己只要努力,就能处理好一切事情;相信自己是最好的,能够全面客观地评价自己、认识自己、悦纳自己。

乐观的根本定义是深信挫折或失败是由于外在的因素,可以靠人为的努力去扭转。有些人认为成绩差是因为个人的缺陷,有些则认为是源自可改变的因素,悲观的人找自己的原因,乐观的人寻找自己以外的原因,但从自身做起。提升能力的基础是愿意接受各种挑战。感觉能驾驭自己的身体、行为与周遭世界,相信只要努力就很可能成功,也相信他人会提供协助。

美国著名的成功学奠基人和励志导师罗杰·马尔腾说:"你成就的大小,往往不会超出你信心的大小。不热烈地坚强地希求成功,期待成功,而能取得成功的,天下绝无此理。成功的先决条件就是自信——缺乏自信,就会大大减弱自己的生命力。"

人的天性中就含有自信的种子,孩童蹒跚学步时迈出的第一步即可视为这粒种子的萌发:我相信自己可以在这个世界上行走!之后,自信开始接受人生挫折和苦难的洗礼——跌倒、爬起,再跌倒、再爬起……至于日后它会长成枯荣随季、起伏随风的蒿草,还是笑傲风雪、四季不凋的松柏,全看后天如何培养和扶植。培养强大的自信首先要克服它的两大天敌:恐惧和自卑。

1. 恐惧

恐惧和喜怒哀乐一样,是人与生俱来的一种情绪,无法逃避,也难以克服。因为使人恐惧的几大因素都是必然的:比如死亡,没有人能够幸免,从古到今,没有一个人长生不老;比如失去,没有人能够幸免,失去青春,失去亲人,失去机会等;比如失败,也没有人能够幸免,学说话,咬舌头,学走路,摔跟头,还有疾病、伤痛等。

如何克服对死亡的恐惧?有人依靠宗教,期望轮回、往生,进入天堂;有人提出珍惜生命,活在当下;有人把生死看得通透,顺其自然。

庄子的老婆死了,惠子去悼念,见庄子蹲着,敲着瓦盆唱歌。惠子大惑不解,说:"你老婆和你在一起生活了那么久，为你生儿育女，现在她老病而死，你不哭就够可以的了，怎么还唱起来了？太过分了吧。”

庄子说：“我老婆刚死的时候，我怎么能不悲伤呢？后来我想通了，她本是从虚无中来，现在又回到虚无中去，就像四季交替变化一样，很自然。我觉得再无谓地哭哭啼啼，是弱智的表现，我不打算那么干了。”

庄子即将去世时，他的弟子们打算隆重地安葬他。庄子说：“我以天地做棺材，以日月星辰做装饰，以万物做殉葬品，足够了。”弟子说：“我们怕乌鸦、老鹰啄食先生。”庄子说：“在土上面被乌鸦、老鹰吃，在土下面被蚂蚁、虫子吃，不是一样吗？不给乌鸦、老鹰吃，而给蚂蚁、虫子吃，不是太偏心了吗？”

庄子就是把生死看得通透之人——既然死亡是自然的安排，是必然的结局，就没有必要为此长久悲伤，也没有必要为此时刻恐慌。这是一种豁达的心态。

克服对失去的恐惧也要靠豁达的心境，自然主义者说，“得者我幸，失者我命”；乐观主义者说，“塞翁失马，焉知非福”，都不错。

克服对失败的恐惧则要靠坚韧不拔的意志和必胜的信心。

信心与恐惧是互为消长的，信心弱小，恐惧就强大；信心强大，恐惧就弱小。

戴尔·卡耐基说：“如果你想成为有勇气的人，那么你就去尝试一些至今从未做过，但却令你胆怯的事情，而且一直到取得相当的成绩为止——这就是战胜恐惧的最佳途径。”

1900 年 7 月，德国精神病学专家林德曼独自驾着一叶小舟驶进了波涛汹涌的大西洋，他在进行一次历史上从未有过的心理学实验——验证一下自信的力量。

林德曼认为，一个人只要对自己抱有信心，就能最大限度地保持精神和机体的健康。当时，德国举国上下都关注着这一悲壮冒险，因为此前已有 100 多位勇士驾舟横渡大西洋均告失败，无人生还。林德曼推断，这些遇难者失败的主要原因不是生理因素，而是死于精神恐慌、崩溃与绝望，所以他决定亲自驾舟前往，以验证自己的推断。

航行中，林德曼遇到了常人难以想象的困难。特别是在航行最后 18 天中遇到了季风，小船的桅杆折断，船舷被海浪打裂，船舱进水。林德曼有时真有绝望之感。但只要这个念头一经升起，他马上就大声自责：“懦夫，你想重蹈覆辙，葬身此地吗？不，我一定能成功！”在经历千辛万苦之后，林德曼终于胜利渡过了大西洋，成为第一位独舟横越大西洋的勇士。

自信心是恐惧的克星，在强大的自信心面前，不管是对危险的恐惧、对黑夜的恐惧、对孤独的恐惧，还是莫名的恐惧，都毫无用处。

英国勃莱市一家旅馆的壁炉上刻着这样一句话：“恐惧来敲门，自信心回答说：‘这里没有人。’”

2. 自卑

自卑是恐惧的孪生兄弟，人在感到自卑时会感到恐惧，在恐惧时也会感到自卑。

许多人的不幸都是从看不起自己、不相信自己开始的。当机遇来临时，自信的人会觉得

“舍我其谁”“当仁不让”;而自卑的人却首先疑虑“我能行吗”“我恐怕不行”。可想而知,金钱、地位、荣耀或者爱情,只能属于自信的人。

自卑比起自负来,更加不堪。自负的人顶多让人厌烦,而自卑的人则往往让人瞧不起。

要克服自卑,就尽量不要和自卑的人在一起,因为情绪是会传染的。

和自负的人在一起,你会变得自信。比如,自负的人说,明天是属于我的,世界是属于我的。你也许会不服气,也许会因此激发斗志,和他较劲。这样不是很好嘛!如果他把“我”换成了“我们”,说明天是属于我们的,世界是属于我们的。就更好了!你的自信会自然而然地被激励起来。

可是,和自卑的人在一起,你会不自觉地受到影响而变得自卑消极。

自卑并不可怕,许多大人物也曾有过自卑的时候。大文豪沈从文第一次到大学去讲课时,面对众多学生竟然紧张得说不出话来,最后在黑板上哆哆嗦嗦地写下一句话:“你们人太多,我怕了……”可是,经过一次又一次的磨炼,他后来成了一位名教授。

爱默生说:“明天开始,你就做些你害怕去做的事。”

克服自卑最为有效的方法,就是命令自己去做一些自己认为无法做到,实际上却可以做到的事情。也就是不断尝试新的挑战,不断地磨炼自己。同时,给自己一些有益的心理暗示:“我能行”“小事一桩”“小菜一碟”“某某都能做到,何况我这么优秀之人”。

心理暗示很重要。美国有位很有天赋的女歌唱家,刚开始出道的时候,总是唱不好。在一次大赛中,有位评委看出了问题,对她说,好好唱你的歌,忘掉你的龅牙。原来,她总觉得自己的龅牙很难看,唱歌时也试图掩饰,结果大失水准。听了那位评委的话后,她卸下了心理包袱,结果一唱成名。

如果你想消除自卑,就时刻命令自己忘掉“龅牙”。在遇到该出头的机会时,暗示自己把“我不行”,换成“谁说我不行?”这样你就不会不行。

克服了两大问题以后,首先要喜欢自己。这不是自恋,而是必要的自我肯定,也是心理健康的需要。试想,一个连自己都不喜欢的人会真心喜欢别人吗?你不喜欢别人,自然别人也不会喜欢你。你会感到被人忽略,甚至歧视,会因此变得更加自卑。

其一,要相信自己具有某种能力或优势。这个世界上从来没有一无是处之人。周舟是一个无论从外貌、举止,还是从智商方面,都属于智障的少年,然而,他却具有音乐指挥的天赋,曾多次指挥大型乐队演奏。2000 年,周舟随中国残疾人艺术团访问美国,他在乐曲指挥上的才能引起了轰动。英国前首相梅杰小时候数学成绩很差,连申请当公共汽车售票员都未被录取,然而若干年后,他担任了英国财政部长,还被公认为理财专家。如果你对自己的优势缺乏明确认识,可以将自己认为可能具有的某种能力和特长列在一张清单上,并有意寻找机会尝试实践。

其二,把简单的事情做到最好。俗话说:“一招鲜,吃遍天。”把简单的事情做到最好就是绝招。选择一项自己所长,尽可能将它磨炼到“庖丁解牛”的程度。你必然会得到钦佩和赞赏,自然就会因此变得自信。

其三,对应得的荣誉和褒奖坦然接受,当仁不让,这样会增强你的自信心;反之,则会减弱你的自信心。有一次,拿破仑因为战况紧急,要一名士兵骑上他的坐骑火速赶往前线。可那位士兵看着统帅那雄壮的坐骑及华丽的马鞍,竟然自卑地说自己不配骑乘。所以,拿破仑说:"不想当元帅的士兵,不是好士兵。"

其四,面对要做的事情,别怕弄错了,搞砸了。同时暗示自己:没问题!小意思!有把握!放心吧!即便弄错了,搞砸了,也要原谅自己。失败乃成功之母,大不了从头再来。

其五,把握每一次成功的机会。每一次成功,无论大小,都是能力的象征与价值的肯定,能让你感到成功的自信。

最后一条,世界著名学者赫巴特说过这样一段关于自信的名言:

"当你出门时,请把下颌收紧,额头抬高,肺部吸满空气;碰着朋友,含笑地向他打个招呼;和人握手时要精神饱满,不要怕被人误解;不要浪费哪怕一分钟的光阴去想你的仇敌;做事必须打定主意,不要常常改变方向,一直向着既定的目标前进;把你的心,完全放在你所希望的光明而伟大的事情上去。"

如果照这样去做,你已经在无意之中抓住了实现理想的机会,一定会收获一个美好的未来。正像珊瑚虫一样,从湍急的潮水中,吸取了它所需要的物质。

你心中必须有一个榜样,这样一来,你的思想就会不知不觉地跟着渐渐改善。

四、思考和讨论

1. 读故事,思考问题:他自信吗?

小铭在小学是优等生,升入初中后,各科成绩都不错,学校运动会上还获得跳高跳远两个第一名。他有些飘飘然,觉得班级的荣誉都是他的功劳,在言谈举止中流露出唯我独尊的骄傲神态,认为谁都不如自己,他梦想着有一天要让所有的人都拜倒在自己的脚下。

讨论:自负都有哪些表现?

2. 读故事,思考问题:他自信吗?

第一学年快结束时,学校评选"三好学生",小铭以为自己是理所当然的第一人选。结果,他只得了15票。等到选举结束,他垂头丧气地走出教室。直到期末再也没见到他的笑脸。

讨论:分析自卑的表现。

3. 读故事,思考问题:他自信吗?

在同学和老师的帮助下,小铭的脸上又重新有了笑容,积极参加班级活动,能正确认识自己的优点和缺点。对老师和同学的态度也不再趾高气扬了,课堂上大胆发言,积极帮助同学。

讨论:分析自信的表现。

五、影响自信心发展的因素

影响自信心发展的因素是非常多的。它既受时间的影响,又受性别的影响。在这里,我们着重看家庭影响、他人影响、成败归因、性格特征和文化背景等因素是如何影响自信心发展的。

1. 父母影响

来自家庭的影响是多方面的:家长的文化素养,家庭经济状况,兄弟姐妹情况等,但对孩子自信心产生直接影响的是父母。父母是孩子的第一任老师,也是孩子经常接触的家庭成员,父母对孩子的态度、评价是直接的,或赞许或反对,毫不含糊,如"你很聪明""你是个笨蛋"等,这样的评价很快会被孩子接受,内化为对自己的识别、评价。有研究发现,不同的教养方式会导致儿童自我认识偏差。一般地,性情稳定、自尊心强的家长其孩子的自信心也强。这些父母倾向于与孩子建立亲密友善的关系,鼓励孩子们自立,允许他们有相当的个人自由。他们与孩子在一起时,亲切热诚,充满温情,并通过鼓励来激发孩子的自信心。而情绪暴躁、专横的父母则没有给孩子提供行为的指导,他们似乎对建立一种稳定的家庭结构缺乏信心,这样的父母在问题出现时一般是用粗暴、专横的方式来管教孩子,消除争论,而不是探讨问题。在这种高压式的教育方式下,儿童常常表现出谨小慎微等不自信的态度。

2. 他人影响

个体的生存与成长是在与他人的交往和相互作用中完成的。对自己行为的观察和评价往往是在与他人的相互比较中进行的。他人是一个参照,人们常常通过他人对自己的态度、评价来认知并确认自己存在的价值,并直接对自信心进行修正。随着社会人际关系的扩大,必然导致人们将自己的内在能力与他人进行比较,而自我意识尚未完全确立的人,往往对他人的评价非常敏感。如果从他人的态度中获得肯定的信息,就会产生愉快的体验,从而增强对自己的信心;如果自己在很多方面都比不上他人,尤其在学习、交往、文体等方面显露出某些不足时,他们就开始怀疑自己,否定自己,产生自卑心理。

3. 成败归因

一个人的自信心的形成虽然始于童年时期,但也不是就此定型了。在后来的生活中,个人经历对自信心也会产生影响。随着经历的丰富,成功和失败的经验也必然随之增多,如在课堂上得到老师的表扬,在赛跑中没得到第一,等等。其实事情本身并不重要,重要的是事后的体验。人们对于成功事件进行积极归因,能给人带来成就感和满足感,让人从中增强自信心;对失败事件进行有利于自己的归因,也不会给人带来失落和沮丧,而能催人重振精神,坚定信心。对成功事件进行消极归因,让人没有成就感,不能使人从成功中获得自信的动力;对失败事件进行消极归因,同样使人精神不振,自责不已,严重打击自信心。

4. 性格特征

人的性格特征是影响其自信心的重要因素之一。那些活泼开朗,积极主动,经常与他人合作的人,更富有自信心或者说更易获得自信心。而性格内向,消极被动,依赖性强,不善与人交往的人,自信水平更低,或者更不易获得自信心。同时自信与儿童的情绪状态也密切相关,充满自信的人快乐情绪比较普遍,而快乐的情绪情感有助于自信心的维持。此外,自制力的发展也有利于自信心形成和发展,自制力强的人往往更能采取有效措施调整控制自己的情感和行为,不因失败而妄自菲薄,也不因成功而狂妄自大。

5. 文化背景

在自信心的发展中,社会文化背景也是一个不容忽视的重要因素。不同的文化背景下,自信心存在一定差异。从一些报道中发现,中国孩子自信心比美国、日本孩子低,乡村孩子的自信心比城市孩子低,这可能是因为中国传统文化习俗的影响,家庭、学校从小重视对孩子进行温和、虚心、谦让等教育。而与城市相比,乡村人对独立、竞争的要求也相对低一些。

第二节　训练自信心的方法

有位哲人说过:“一个人,从充满自信的那刻起,上帝就在伸出无形的手在帮助他。”这个世界有上帝吗？有,上帝就是你的自信心！老子说:“江海所以能为百谷王者,以其善下之,故能为百谷王。”百川之所以汇集江海,因为江海善处下游地位,所以能成为百川之王。这正是老子对谦虚作用的写照。谦虚是什么？谦虚是自信的一种表现！自信正是一种美妙的生活态度,当我们一事无成时,我们会怀疑自己的能力,被自卑感所打倒,于是我们觉得生活痛苦,暗淡无光;当我们建立了自信时,思想上也变得乐观、豁达,我们的生活也随之变得美好了。所以只要我们有自信心,它就会激发生命的力量,这种力量如火,可以焚烧困难,照亮智慧。

人不能失去自信,否则生活的重担就无法挑起,前进的路上就会寸步难行,心中的希望就会暗淡无光。自信对我们的生活非常重要,自信给人以力量,给人以快乐。我们生活的每一天,我们前进的每一步,都是在帮助别人又被别人帮助,服务别人又被别人服务的过程中度过的,正是有了自信,人们才充满了睿智,心中才升腾起无尽的希望。

当缺乏自信时应该怎么办呢？下面就介绍几种训练自信心的方法。

(1)学会进入别人的视线。你是否注意到,无论在教学或各种聚会中,后排的座位常先被坐满？大部分占据后排座位的人,都希望自己不会“太显眼”,而他们怕受人注目的原因就是缺乏信心。坐在前面能建立信心,把它当作一个规则试试看,从现在开始就尽量往前坐。当然,坐前面会比较显眼,但要记住,有关成功的一切都是显眼的。

(2)学会正视别人。一个人的眼神可以透露出许多信息。某人不正视你的时候,你会直觉地问自己:“他想要隐藏什么呢？他怕什么呢？他会对我不利吗？”不正视别人通常意味着:在你旁边我感到很自卑;我感到不如你;我怕你。躲避别人的眼神意味着:我有罪恶感;

我做了或想到什么我不希望你知道的事;我怕一接触你的眼神,你就会看穿我。这都是一些不好的信息。正视别人等于告诉他:我很诚实,而且光明正大,我相信我告诉你的话是真的,毫不心虚。

(3)学会当众发言。在会议中沉默寡言的人都认为:"我的意见可能没有价值,如果说出来,别人可能会觉得很愚蠢,我最好什么也不说。而且,其他人可能都比我懂得多,我并不想让你们知道我是这么无知。"这些人常常会对自己许下很渺茫的诺言:"等下一次再发言。"可是他们很清楚自己是无法实现这个诺言的。每次这些沉默寡言的人不发言时,他就又中了一次缺少信心的毒了,他会越来越丧失自信。从积极的角度来看,如果能在会议中发言,就会增加信心,下次也更容易发言。所以,多发言是信心的"维生素"。不论参加什么会议,每次都要主动发言,也许是评论,也许是建议或提问题。而且不要最后才发言,要做破冰船,第一个打破沉默。也不要担心你会显得很愚蠢,因为总会有人同意你的见解。所以不要再对自己说:"我怀疑我是否敢说出来。"用心获得会议主席的注意,好让你有机会发言。

(4)运用肯定的语气。有些女人面对着镜子看到自己的容貌时,会忍不住产生幸福的感受。相反地,有些女人却会被自卑感所困扰。即便两者的肤色都很黑,但自信的女人会以为:"我的皮肤呈小麦色,几乎可跟黑发相媲美。"缺乏自信的女人却因此痛苦不堪:"怎么搞的,我的肤色这么黑。"两种人的心情完全不同。由此可见,价值判断的标准是非常主观而又模糊的。尤其是自卑感,常常会受到语言的影响,所以,否定意味的语言,对于一个人的心理健康有百害而无一利。

(5)抬头挺胸走快一点。心理学家将懒散的姿势、缓慢的步伐跟不愉快的感受联系在一起。但是心理学家也认为,改变姿势与速度,可以改变心理状态。你若仔细观察就会发现,身体动作是心灵活动的结果。那些遭受打击,被排斥的人,走路常拖拖拉拉,没有自信心。抬头挺胸走快一点,你就会感到自信心在滋长。

(6)学会真实面对自己。内观法是研究心理学的主要方法之一,这是实验心理学之祖威廉·华特提出的观点。此法就是很冷静地观察自己内心的情况,而后毫无隐瞒地抖出观察结果。如能把时刻都在变化的心理秘密,毫不隐瞒地用语言表达出来,就没有产生烦恼的余力了。例如初次到一个陌生的地方,内心难免会疑惧,这时候不妨将不安的情绪清楚地用言语表达出来:"我几乎愣住了,我的心忐忑地跳个不停,甚至两眼也发黑,舌尖凝固,喉咙干渴得不能说话。"这样一来,不但可将内心的紧张驱除殆尽,而且能使心情得到平静。再举一个例子,有一个位居美国第 5 名的推销员,当他还不熟悉这行工作时,有一次独自会见美国的汽车大王,他真是很胆怯,情不自禁地说:"很惭愧,我刚看见你时,我害怕得连话也说不出来。"结果反而驱除了恐惧感,这要归功于真实坦白的效果。

(7)学会正确认识自己。

①呈现一张图片(白纸中心有一个小黑点)并提问,你看到了什么?

②呈现另一张图片(黑纸中心有一个小白点)并提问,你看到了什么?

③通过观察以上两张图片,你受到了哪些启发?

④教师小结。

在这两张图片中,白色部分代表自己的优点,黑色部分代表的是缺点。如果你只看到了"白"色,意味着你只看到了自己的优点,这种认识固然有助于培养自信,但因为忽视了自己的缺点,这种自信很难维持下去,因为不知道缺点也就意味着原地踏步;如果你只看到了"黑"色,意味着你只看到了自己的缺点,这种认识会击垮你的兴趣和信心,严重影响你的进步。我们必须学会同时注意到"白"和"黑",也就是同时看到好的地方和不好的地方,这样的认识才是正确的认识,因为它不仅可以帮助我们保持自信,还能让我们不断进步和成长。

案例讨论

案例1

有一位画家画了一幅自认为很好的画,他把画放在公众场合展示,并在画的边框上写上"若您认为此画有不恰当之处,请不吝赐教"。结果,展示一天下来,画上密密麻麻做满了记号。画家沮丧极了,对自己的作画能力产生了怀疑。这时,他的老师告诉他:"你在画上写上'请您标注此画的精彩之处',看看会怎么样?"结果,这幅画又被密密麻麻地做满了记号。

专家分析:要正确认识自己,不要对他人的评价过分敏感,要相信自己也有优点。画是由很多元素组成的,如色彩、构思、形象、寓意等,只要某一方面或几方面突出就可能成为好作品。人和画一样,也是由许多元素构成的,只要某一方面或某几方面出色就可能成为杰出的人。

案例2

有一位大学生李某到一家非常著名的企业去应聘。在等待面试时,她听到面试官询问前面的面试者一道计算题:"12乘以14等于多少?"她听到这个问题时感到非常奇怪,不知面试官的用意何在,但她还是默默地在心里把这道题仔细地算了几遍并把答案记了下来。轮到她面试时,面试官果然又问了这道计算题,她很快就把答案说了出来。面试官又追问了她一句:"你确定这个答案是正确的吗?"这时她犹豫了,虽然她事先在心里计算了好几遍,但仍然不敢做出肯定的回答,结果她落选了。

专家分析:面试官并不是考查她的计算能力,而是考验她的自信心,她的犹豫不决实际上就是她不自信的表现。可见,对于大学生来说,在大学期间有意识地培养自信心是十分重要的。拥有自信心将有助于同学们在职业生涯中更好地把握机遇,发展自己,创造职业和人生的辉煌;否则,即便你拥有高学历和高智商,也难以把握住职业生涯中的机遇。

案例 3

一次乘飞机时,安东尼·罗宾的旁边坐了一个非常喜欢抱怨的人。他调侃地说,如果奥林匹克有抱怨这项竞赛的话,他旁边的这个人一定能拿到一面奖牌。当空姐前来询问乘客晚餐是吃鸡肉还是牛肉时,安东尼要了鸡肉,而他旁边的乘客则表示随便。不久,空姐端来了晚餐,给了那位乘客一份牛肉。接下来的 20 分钟,安东尼听到他不断地抱怨他的牛肉有多难吃。这位乘客一定在心里认为这是空姐帮他挑选的晚餐,他却忘了,实际上是他自己把选择权交给了别人。

专家建议:如果不想事后抱怨,凡事就要由自己决定,让生活的主控权回归自己手中,不要依赖别人,也不要一味地听别人怎么说就怎么做。让自己决定自己的人生吧,如此一来,生活中将不会再有抱怨和后悔。

思考题

1. 简述自信、自负和自卑的表现特征,以及它们与成功的关系。
2. 影响大学生自信心的因素有哪些?
3. 如何增强大学生的自信心?

资料

1832 年,他竞选州议员,失败了。

1833 年,他自己开办企业,这家企业倒闭了。

1836 年,他得了精神衰弱症。

1838 年,他竞选州议会议长,失败了。

1843 年,他竞选美国国会议员,失败了。

1849 年,他又一次参加竞选国会议员,失败了。

1854 年,他竞选参议员,失败了。

1856 年,他竞选美国副总统提名,失败了。

1858 年,他再一次竞选参议员,还是失败了。

讨论:

你觉得这个人怎么样?你是否觉得他是一个很失败的人?这个人就是美国总统林肯,在他经历了无数次的失败后,1860 年,他当选为美国总统。因为他一直没有放弃自己的追求,最后他成功了。所以说,只要你始终对自己有信心,就有可能成为杰出的人。请同学们思考一下自己最突出的优点,准备做下面的训练活动。

互动体验1

自信培养活动一:天生我材——学会欣赏自己

准备:一张纸,一支笔。

操作:同学们认真思考,并写下最欣赏自己的 7 个方面,约 7 分钟完成,然后选几个学生代表在全班交流。这7个方面分别是：

1. 我最欣赏自己的外表是：

2. 我最欣赏自己对朋友的态度是：

3. 我最欣赏自己对学习的态度是：

4. 我最欣赏自己的一次成功是：

5. 我最欣赏自己的性格是：

6. 我最欣赏自己对家人的态度是：

7. 我最欣赏自己做事的态度是：

互动体验2

自信培养活动二：学会自我肯定

一个人之所以缺乏自信心，是因为他经常采取自我否定的思维方式，总是认为“我不行”“我的能力很差”“我什么也做不了”等，从而极大地影响了自己生活和事业的成功。要改变这种自我否定的思维，就必须不断地进行自我肯定练习。一般来说，自我肯定可以默不作声地进行，也可以大声地说出来，还可以在纸上写下来，甚至可以歌唱和吟诵。每天坚持进行有效的自我肯定练习，就能逐步改变自我否定的思维习惯。我们可以对自己说：“我是最棒的”“每天我都激励自己去实现人生目标”“我建立了积极、健康的自我形象”“我找到了自信、热情的自我”等。

互动体验3

自信培养活动三：优点轰炸

“优点轰炸”活动主要是为提高个体自信心而设计的团体行为训练活动。步骤如下：

①活动以团体行为训练方式进行。分组方法：整个团体为30～60人，不宜太多。8～10人一组。如10人一组，60人可分6组。在各小组中自荐或他人推荐产生一名小组长，由小组长负责本小组的活动。

②在全体小组中，要求每一位小组成员对其他成员说一句赞美的话，赞美的内容要求不空洞，切合此人的实际情况。如A同学所在小组共计10人，那么A就应该对其他9位小组成员分别写一句赞美的话，这9句话分别写在9张小纸条上，并且标明被赞美者的名字，但不签自己的名字，然后由小组长把写给每一个人的条子收集起来给相应的人。此活动过程不超过5分钟。

③每位组员把上述赞美内容公布出来，每人不超过3分钟。

④小组长对本次活动进行简要小结。

⑤针对此次活动，小组成员每人说一句自己的感受，结束此次团体活动。

作业

1. 小组交流收集到的古今中外的自信者成功的事例。

2. 小组代表畅所欲言，分享自信的名言警句。

3. 背诵羊皮卷《我现在就付诸行动》。

知识链接

羊皮卷之九——我现在就付诸行动

我的幻想毫无价值，我的计划渺如尘埃，我的目标不可能达到。

一切的一切毫无意义——除非我们付诸行动。我现在就付诸行动。

一张地图，不论多么详尽，比例多么精确，它永远不能带着它的主人在地面上移动半步。一个国家的法律，不论多么公正，永远不可能阻止罪恶的发生。任何宝典，永远不可能创造财富。只有行动才能使地图、法律、宝典、梦想、计划、目标具有现实意义。

行动，像食物和水一样，能滋润我，使我成功。

我现在就付诸行动。我不把今天的事情留给明天，因为我知道明天是永远不会来临的。现在就付诸行动吧！

即使我的行为不会带来快乐与成功，但是动而失败总比坐而待毙好。

行动也许不会结出快乐的果实，但没有行动，所有的果实都无法收获。我现在就付诸行动。

立即行动。立即行动。立即行动。

从今往后，我要一遍又一遍、每时每刻重复这句话，直到成为习惯，好比呼吸一般，成为本能，好比眨眼一样。

有了这句话，我就能调整自己的情绪，迎接失败者避而远之的每一次挑战。

我现在就付诸行动。我一遍又一遍地重复这句话。

清晨醒来时，失败者流连于床榻，我却要默诵这句话，然后开始行动。

我现在就付诸行动。面对紧闭的大门，失败者怀着恐惧与惶惑的心情，在门外等候；我默诵着这句话，随即上前敲门。我现在就付诸行动。

面对诱惑时，我默诵这句话，然后远离罪恶。

我现在就付诸行动。现在是我的所有。

明日是为懒汉保留的工作日，我并不懒惰。

明日是弃恶从善的日子，我并不邪恶。

明日是弱者变强者的日子，我并不软弱。

明日是失败者借口成功的日子，我并不是失败者。

此时。此地。此人。我现在就付诸行动。

本章小结

古希腊哲学家赛涅卡曾经说："不是因为这些事难以做到，我们才失去信心，是因为我们缺乏自信心才使这些事情难以做到。”

信心对一个人的发展来说，具有无法估量的力量。不论是在智力、体力，还是处理事情的能力上，自信心都有着非比寻常的重要性。

许多事业成功的人，总是能勇于向自己提出更高的要求，并且一直坚定地相信自己，所以才能在失败的时候看见希望。自信是成功的第一个信念。

我们要超越自负，告别自卑，要实事求是地看待自己，认识到自负和自卑都是自信的误区。每个人都有自己的弱项，也都有自己的强项，没有必要自卑，也不要自负，而应该努力去扬长避短，从而赢得别人的尊重，更赢得自己的自尊自爱。

第六章　责任意识训练

[学习目标]

1. 了解责任意识的含义；
2. 了解责任意识在个人和团队成长中的意义；
3. 掌握增强责任意识的方法；
4. 了解责任意识与领导力的关系。

[导入]

社会中的每一个人都肩负着这样或那样的责任，而且其责任往往涉及生活的方方面面。当代大学生是中国特色社会主义事业的建设者和接班人，是祖国的未来和民族的希望。培养和提高大学生的责任意识，使其充分认识并自觉肩负起历史使命和社会责任，是建设社会主义现代化国家，实现中华民族伟大复兴的重要保证，也是当代大学生不断完善人格，实现全面发展的现实需要。

责任就如行人肩上的行李，也许很沉重，但不能丢掉，因为它是人生路上的必需品。生活要延续，责任也会伴随着我们走完整个人生。其实，活着本身就是一种责任，生如夏花般的灿烂是一种更大的责任和追求。

第一节　责任概述

在工作中，每个人都希望展示自己的才华，实现个人的价值。但事实上，并不是每个人的才华都能得到发挥，每个人价值都能顺利实现。一个人能否实现个人价值其实并不在于他拥有多强的能力，而在于他是否敢于承担责任，因为责任胜于能力。也就是说，要想实现个人价值还需要一个重要的前提，那就是承担责任。

一、责任的含义

当今社会，培养和提高大学生的责任意识，已成为教育界普遍关注的热门话题。然而，不同时代、不同社会的人对责任的理解也不尽相同。古今中外有许多关于责任的论述，例如："躬自厚而薄责于人，则远怨矣"（《论语 · 卫灵公第十五》），这是孔子对责任的阐述，他告诫人们要勇于承担责任，敢于自我批评，而对别人则要多多谅解；"保天下者，匹夫之贱，与有责焉耳矣"(顾炎武《日知录·卷十三》),这是清代顾炎武有关责任的主张,意思是说民族存亡,是每一个人的责任。我国当代学者中也有很多人对责任概念作过界定。例如,有人认为责任是对一个人应该从事某些活动、完成某些任务以及承担相应后果的法律和道德要求。也有人认为责任是一个人对祖国、对民族、对人类的繁荣和进步,对他人的生存和发展所承担的职责和使命。还有人认为责任应当包含三个方面:一是自觉遵守社会的法律法规和道德规范;二是积极关注社会发展和国计民生,关心、同情并尽力帮助他人;三是自觉将个人的发展与社会的发展联系起来,尽职尽责,具有服务社会和报效国家的奉献精神。

我们认为,责任是人的一种存在方式,它伴随着人类社会的产生而出现,并随着社会和时代的发展而不断变化。因此,我们将责任定义为:在一定的历史条件下,作为社会人对其扮演的社会角色所应当承担的职责和履行的义务。

责任是一个人不得不做的事或一个人必须承担的事情,如社会责任、家庭责任,身处社会的个体必须遵守,带有强制性。责任伴随着人类社会的出现而出现,产生于社会关系中的相互承诺,有社会就有责任。在社会的舞台上,一种角色往往意味着一种责任。当我们在承担一项责任的时候,通常要付出一定的代价,但也意味着享有获得回报的权利。

二、责任的内涵

①责任体现了一个人的心态、态度、原则、作风、风格、习惯、思想。

②责任体现了一个人的心智、格局和胸怀,体现着一个人的使命、生活空间和追求。

③责任是一个人人生观、价值观和世界观的体现,是一个人对待人生和生命环境的态度。

对待人生和生命环境的态度决定了人生观、价值观和世界观;人生观、价值观和世界观决定了心智、格局和胸怀;心智、格局和胸怀决定了使命、空间和追求;使命、空间和追求决定了日常生活中的心态、态度、原则、作风、风格、习惯、思想。

同时,日常生活中的心态、态度、原则、作风、风格、习惯、思想又不断积累、反馈、沉淀和形成人生观、价值观和世界观。

三、责任的分类

1.法律责任

法律责任是指源于法律规定或当事人间的契约而产生的法律效果。大多数情况是在违反法律或契约之后,责任的内容才会具体显现。例如:违反刑法的规定,行为人会有刑事责任;违反民事契约,当事人通常要负民事责任。

当事人负担某种民事责任之后,会因此对他人负有特定的作为或不作为的义务(例如:侵权行为的法律效果即是损害赔偿责任),而对他人负有特定的作为或不作为的义务,正是"债"的本质(汉字"债"即是由"人"字旁与"责"所组成)。因此,在法律上,责任与债、义务概念上密切相关,所指涉的都是法律效果,而责任大多适用于当事人已经违反法律或契约的状况。

2. 道义责任

道义责任可能随文化不同而不同。

道义责任没有履行,应当负责的人会受到道德谴责。法律责任没有履行,如果标的大,受益人可以通过法院来追溯;如果标的太小,极少有受益人会为了道义上的原因而通过法院来追溯,因为成本太高。有的受益人也可能通过暴力来追溯。

3. 虚拟责任

在电脑游戏或网络游戏中产生的责任是虚拟的,玩家有特殊约定的除外。而网络本身是真实的,人们在网络上的任何行为都是真实的,因此也要负责任。

4. 家庭责任

家庭责任是指个人要通过自己辛勤的劳动,为家庭成员生存和繁衍提供必要的物质条件,要及时进行情感交流,努力保证成员在物质上和精神上能平安、健康、愉快地生活或成长。

5. 社会责任

社会责任是指个人通过努力、优质、高效的劳动,尽可能多地创造出超过个人消耗的财富,满足群体或社会和谐发展的需要,任何社会成员都应维护社会利益和推动社会发展。

6. 理性责任

传统的责任是根据个体、家庭、组织、社会和国家的责任对象分类,这样就产生了法律责任和道义责任等范畴。这种分类方式并不能把责任体系作出系统的划分,可以说这是旧的责任范式。新的责任范式由理性责任创始人方志良先生根据责任的属性划分为四个层次,这四个层次分别为角色责任、能力责任、义务责任和原因责任。

理性责任按照责任属性划分责任层次和范围具有非常有效的管理意义。理性责任中的角色责任包含了传统意义上的法律责任、家庭责任;理性责任中的义务责任包含了道德责任、社会责任和道义责任。理性责任的区分更直观,易于人们判断责任的界限。2011 年发生

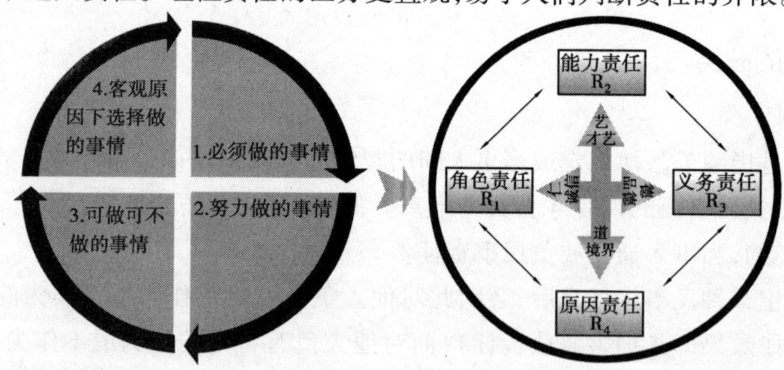

图 6.1

的“小悦悦事件”中，社会广泛关注和批评的 18 位路人，实际上就是没有尽到自己的义务责任，肇事逃逸司机和小悦悦父母则负有自己的角色责任。

理性责任作为一种新的责任范式，对于推动全社会责任认知，改变传统的责任心和责任感空洞的说教具有很好的推动作用，理性责任认知与管理有助于改变人们对责任的认知和实践管理意义。相信未来，理性责任的四种责任将会成为主流社会共同认可的责任范式。

四、责任的基本要求

1. 价值观要求

乙方主体必须按照甲方主体的价值观来处理有关价值事物，而不能按照乙方主体自己的价值观来处理有关价值事物，即乙方主体必须代表甲方主体的利益要求来进行决策和行为，而不能代表乙方主体自身的利益要求进行决策和行为。

2. 最大价值率要求

乙方主体必须按照“最大价值率法则”来处理有关价值事物，即乙方必须尽自己的最大努力、发挥自己的最大聪明才智来履行责任。

案例

齐瓦勃是伯利恒钢铁公司——美国第三大钢铁公司的创始人。他出生在美国乡村，只受过很短的学校教育。15 岁那年，家中一贫如洗的他到一个山村做了马夫。然而雄心勃勃的齐瓦勃无时无刻不在寻找着发展的机遇。三年后，齐瓦勃终于来到钢铁大王卡内基所属的一个建筑工地打工。一踏进建筑工地，齐瓦勃就抱定了要做同事中最优秀的人的决心。当其他人在抱怨工作辛苦、薪水低而怠工的时候，齐瓦勃却默默地积累着工作经验，并自学建筑知识。

一天晚上，同伴们在闲聊，唯独齐瓦勃躲在角落里看书。那天恰巧公司经理到工地检查工作，经理看了看齐瓦勃手中的书，又翻开了他的笔记本，什么也没说就走了。第二天，公司经理把齐瓦勃叫到办公室，问：“你学那些东西干什么？”齐瓦勃说：“我想我们公司并不缺少打工者，缺少的是既有工作经验，又有专业知识的技术人员或管理者，对吗？”经理点了点头。不久，齐瓦勃就被升任为技师。打工者中，有些人讽刺挖苦齐瓦勃，他回答说：“我不光是在为老板打工，更不单纯为了赚钱，我是在为自己的梦想打工，为自己的远大前途打工。我们只能在业绩中提升自己。我要使自己工作所产生的价值远远超过所得的薪水，只有这样我才能得到重用，才能获得机遇！”抱着这样的信念，齐瓦勃一步步升到了总工程师的职位上。25 岁那年，齐瓦勃做了这家建筑公司的总经理。

卡内基的钢铁公司有一个天才工程师兼合伙人——琼斯，在建筑公司最大的布拉得钢铁厂时，他发现了齐瓦勃超人的工作热情和管理才能。当时身为总经理的齐瓦勃，每天都是最早来到建筑工地。琼斯问齐瓦勃为什么总来这么早，他回答说：“只有这样，当有什么急事的时候,才不至于被耽搁。”工厂建好后,琼斯推荐齐瓦勃做了自己的副手,主管全厂事务。两年后,琼斯在一次事故中丧生,齐瓦勃便接任了厂长一职。因为齐瓦勃的天才管理艺术及工作态度,布拉得钢铁厂成了卡内基钢铁公司的灵魂。因为有了这个工厂,卡内基才敢说:“什么时候我想占领市场,市场就是我的。因为我能造出又便宜又好的钢材。”几年后,齐瓦勃被卡内基任命为钢铁公司的董事长。

后来,齐瓦勃终于自己建立了大型的伯利恒钢铁公司,并创下了非凡业绩,真正完成了从一个打工者到创业者的飞跃。

五、责任的重要性

责任和忠诚是企业文化和精神的灵魂。把责任和忠诚作为企业的精神命脉,注入每个成员的心里,这样才能最大限度地实现团队成员的责任和忠诚。

对于每一名军人而言,责任和忠诚就是军人精神的内核,它们的存在让军人精神熠熠生辉。正是具备了这两个精神支柱,中国人民解放军才取得了一个又一个的胜利。它们更像是战士的双腿,不仅支撑着他们伟岸的身躯,而且让他们在胜利的道路上走得更远,无论缺哪一条腿,他们都无法完成自己的天职与使命。可以说,责任和忠诚就是军队不断取得胜利的法宝。

对于组织而言,责任和忠诚同样重要。美国前国务卿鲍威尔说,他用人的一个很重要的标准就是忠诚。他认为,一个组织的精神可以体现在很多方面,但最根本的,兼有组织文化哲学性质的就是责任和忠诚。可以大胆地说,组织制胜的精神法宝就是责任和忠诚。失去责任和忠诚,组织就无法再具有竞争力,甚至不能称其为组织。那些忠诚于领导、忠诚于组织的员工,都是能担当责任、不找任何借口的员工。在本职工作之外,他们还积极地为组织献计献策,尽心尽责地做好每一件力所能及的事。而且,在危难时刻,这种忠诚会显现出更大的价值。能与组织同舟共济的员工,他的忠诚会让他达到想象不到的高度。

因此,组织有必要将责任和忠诚作为组织的文化和精神纳入自己的管理体系中,加强员工责任感和忠诚度的培训。员工的忠诚和责任,有时胜过他们的智慧。智慧对于一个员工和组织来讲,无疑是相当重要的,但若是与忠诚和责任相比较,则轻重立见高下。因为忠诚代表一种美好的职业道德,责任是组织的文化素质核心之一,而智慧更多的是个人生存的力量。所以,决定组织生死存亡的有力保障注定是组织精神的双臂——责任与忠诚。责任和忠诚对于组织而言,绝不像夹心饼干那样层层分明,它们已融入组织的血脉之中,成为组织生命的一部分。

第二节　大学生责任意识现状

一、责任意识的概念

责任意识是一种自觉意识，表现得平常而又朴素。责任意识也是一种传统美德。我国自古以来就重视责任意识的培养。"天下兴亡，匹夫有责"，强调的是热爱祖国的责任；"择邻而居"讲述的是孟母历尽艰辛、勇于承担教育子女的责任；"卧冰求鲤"是对晋代王祥恪尽孝道为人子的责任意识的传颂……一个人，只有尽到对父母的责任，才能是好子女；只有尽到对国家的责任，才能是好公民；只有尽到对下属的责任，才能是好领导；只有尽到对企业的责任，才能是好员工。只有每个人都认真地承担起自己应该承担的责任，社会才能和谐运转、持续发展。

责任是使命的召唤，是能力的体现，是制度的执行。只有能够承担责任、善于承担责任、勇于承担责任的人才是可以信赖的人。决定一个人成功的主要因素不是智商、领导力、沟通技巧等，而是责任——一种努力行动，使事情的结果变得更积极的意识。

所谓的责任意识，就是清楚明了地知道什么是责任，并自觉、认真地履行参加社会活动过程中的责任，把责任转化到行动中去的心理特征。有责任意识，再危险的工作也能减少风险；没有责任意识，再安全的岗位也会出现险情。责任意识强，再大的困难也可以克服；责任意识弱，很小的问题也可能酿成大祸。有责任意识的人受人尊敬，招人喜爱，让人放心。

现实生活中，人类文明发展要求人具有沿袭文明、发展文明的责任意识；关心国家政治生活的责任意识；承担生活角色的责任意识。可是我们都很在意这种责任意识，却忽略了这种责任意识的形成。一种良好意识的形成不是一朝一夕的事，尤其是要让人形成良好责任的潜意识，则必须从孩子出生时抓起，在孩子还不能领会成年人意志时，就通过代价意识培养孩子的责任意识，通过这种培养让孩子形成责任意识的条件反射，从而形成责任意识的思维定式。对于成年人，代价与责任是有区别的，可是对于未接受人类文化教育的孩子，这两种概念就有相通之处。

人类有沿袭文明、发展文明的责任意识。人类文明发展要是没有这种责任意识，也不会达到今天的高度。只是过去在一个相当长的时期内，这种责任都是在一种潜意识下履行的。

一个国家的公民要有关心国家政治生活的责任意识，也就是现代意义的民主意识。这种意识在世界各文明体系内程度不同。

二、责任与当代大学生的责任意识

当代大学生的责任意识主要体现在以下相互关联的四个层面：

第一，对自己负责的意识。对自己负责是对他人和社会负责的基础和前提。一个人只有首先具备自我责任意识,才能更好地将其提升为对他人、对社会以及对国家的责任意识。

第二,对家庭负责的意识。当代大学生作为家庭的一员,长期以来享受着父母和长辈的照顾与关爱,虽然父母对子女的养育是一份义务,但当大学生成年后,同样也负有赡养父母的义务,这不仅是一种感恩的表现,更是一种家庭责任感的体现。除了对父母的责任,以后各自组建家庭后,对配偶和子女也有相应的责任。

第三,对国家和社会负责的意识。人是组成社会有机体的细胞,每一个社会成员都应当具有对国家和社会高度负责的意识,并自觉承担起国家和社会赋予的责任。

第四,对全人类负责的意识。随着科学技术的迅猛发展,世界各国的联系更加紧密,任何一个国家都不可能孤立存在。我们应深刻认识到自身在全人类发展中所起的重要作用,规范自身的一举一动。

我们将大学生的责任意识划分为对自己、对家庭、对国家以及对全人类负责四个层面,这与我国古代的仁人志士所追求的"修身、齐家、治国、平天下"的目标基本一致,高校教育工作者应当从以上四个方面着手,培养和提高当代大学生的责任意识。

三、当代大学生责任意识现状

环顾中国,大学生作为思维活跃、富于创新的高智力群体,被国家、社会、人民寄予着厚望。当代大学生中也涌现出了诸如洪战辉、马骅、冯艾、徐本禹、谷振丰等令人敬佩的光辉形象。但不可否认的是,当今社会确实存在一部分大学生责任意识淡薄的现象。当代大学生责任意识的现状具有自我责任意识明显增强、家庭责任意识有待提升、社会责任意识亟须加强这三大特征。

1. 自我责任意识明显增强

目前在校大学生大部分出生于20世纪90年代,是被称为"90后"的一代,且多为独生子女。他们的成长正处于我国社会经济领域发生翻天覆地变化的时期。随着改革开放的纵深发展,特别是市场经济浪潮的冲击,每个中国人的心灵都受到强烈的震撼。改革作为调节利益的强有力无形之手,人们的思维方式、价值取向都在悄悄地发生着变化。利益主体的多元化,使个人的独立性、自主性地位逐渐得以现实地确立,而当代大学生的个体意识和主体意识也在这场波澜壮阔的革命面前得到了明显的增强,主要表现为进取精神和自我责任意识明显强化。

但值得注意的是,少数大学生对个人爱好的偏执和对个人利益的过度敏感,使得他们的自我责任感呈现出明显的情绪化、功利化倾向,而商品经济的影响、西方思潮的渗透和就业环境的变化,导致"适者生存"的人生价值观也深深影响着他们的价值判断和行为选择。在日常生活中表现为我行我素,觉得任何事情只要对自己负责就可以;以自我为中心,只顾自己不顾别人,只讲索取不讲奉献,只讲权利不讲义务,只讲竞争不讲合作,把个人利益置于他人和集体利益之上,甚至不惜为一己私利而牺牲他人和集体的利益;希望别人尊重自己,却不能以礼待人；以个人为中心，注重个人发展，缺乏集体观念；担心自己被埋没，把个人得失看得过重，服务精神、奉献精神不足；甚至有相当一部分学生赞同“宁可我负天下人，不可天下人负我”的观念，从而走向了“自我中心论”的歧途。

2. 家庭责任意识有待提升

责任意识的形成和完善不是一蹴而就的，而是在人们参与的活动与社会交往的基础上，在主客观因素的共同作用下逐步形成和发展起来的。从指向上看，这是一个由近及远，由低到高的过程。一个人从降生之日起，最初总是在家庭生活中与父母长辈以及其他家庭成员发生关系，在长期的家庭生活中形成了对自己与家庭关系的认识，从而萌发出对家庭的责任意识。

所谓家庭责任意识，就是要爱家里的人，爱自己的家庭。这个爱，可以说是形成青年学生爱心的前提。当青年学生还在校读书，未脱离家庭独立工作、生活之前，就从亲情关系上懂得、领悟到爱，享受到爱的愉悦，滋生爱人的意识，进而从理性上逐渐认识到人与人之间需要用责任意识来协调，这样才可萌生对他人的爱，乃至爱社会、爱人类。

当代大学生由于经历了激烈的升学竞争，大部分学生都能领悟来自家庭的呵护与照顾，在家长意味深长的目光中他们找到了自己的学习动力。然而，仍有一部分大学生对来自父母的关爱熟视无睹，只知道索取，不知道感激，更不用提对父母的关心了。2004 年 11 月初，某高校公告栏内张贴出的《辛酸父亲给儿子的一封信》，引起了强烈的社会反响。那位自称“辛酸父亲”的爸爸在信中对正上大学的儿子只知道要钱时给家人写信，却每周给女同学写信，还不顾父母亲的经济现状出入卡拉 OK 厅、酒吧、餐厅高消费，甚至用大谈别人的父母如何大方来刺痛双亲的心等做法表示了不满。中央电视台法制频道《道德观察》栏目也以这封信作为主线，来讨论当代大学生家庭责任意识缺失的问题。这样的“不孝儿子”在当今大学生群体中是具有一定代表性的，这表明当代大学生的家庭责任意识确实有待进一步提升。

3. 社会责任意识亟须加强

费孝通先生曾在《乡土中国》一书中指出，中国传统社会在道德上形成的差序格局即以自我为中心，然后推己及人，像水的波纹那样，一圈圈推出去，越推越远，越推越薄。这是一种主要限于血缘而以自我为中心的狭隘的小农意识与自私品格，很可能导致“各人自扫门前雪，莫管他人瓦上霜”的封闭利己主义。而社会责任意识，则是从利己主义的反方向出发，把对自己的正当利益的关心，融入对公众利益的关怀中去，这其中涵盖了他人责任意识和集体责任意识。社会责任要求个体正确处理个人、集体与国家的利益关系，自觉维护他人利益，树立对自己、对他人、对集体、对祖国的责任意识。正如爱因斯坦所言：“将自己献身于社会，去找出那短暂而有风险的生命的意义。”那么，当代大学生的社会责任意识如何呢？他们是否能将自我价值的实现与奉献社会结合起来呢？

据团中央统计，2003 年的西部志愿服务者在期满后，约有 10% 的人选择了留在西部。中国农业大学 34 位同学自发组织起来，给农民编了一套愿意看、看得懂的科普丛书。志愿者徐本禹在日记里写道:“因为别人帮了我,我肯定要帮别人。”“别人给我一口饭,我要还别人一碗肉!”从上述几个事例来看,当代大学生的主流是好的、积极向上的,他们的社会责任感在逐步提升。然而,我们也痛心地看到,据有关银行的数据统计显示,1999 年国家为培养人才,帮助贫困大学生解决后顾之忧所发放的助学贷款,在四年之后,竟然有高达 56% 的未按期还贷率,甚至有些毕业生毕业后就与学校失去了联系,导致银行要款无门,只得将其名字公布于网络媒体上。近年来,全国各大高校也频频传出学生跳楼事件,这种行为不仅反映了自杀者在个人心理素质上的问题,而且也是当代大学生社会责任缺失的重要表现。他们都属于社会精英,国家、社会和家庭为培养硕士、博士研究生花费巨大,他们身上负有比别人更重的社会责任。自杀者看似解脱,却留给亲朋无尽的哀伤,也给社会造成了巨大损失,是对家人和社会的不负责任。

四、责任意识偏差的成因分析

从以上对当代大学生责任意识现状的分析中可以看到,当代大学生的责任意识的确是存在偏差的,有着“自我中心”的责任倾向,而形成此种责任意识状态的原因主要来自家庭结构、社会环境以及学校教育的影响。

1. 家庭结构的影响

“90 后”大学生,家庭基本上是以“421”的结构存在的,即子女 1 人,父母 2 人,祖父母、外祖父母 4 人,这种现代家庭结构是学生们“自我中心”责任倾向形成的天然土壤。在这样的家庭结构中,作为独生子女的大学生,从小就是家庭的希望,享受着成倍的关心和照顾。部分家长对孩子一味地宠爱纵容,衣来伸手、饭来张口,生活条件稍好一点的,几乎有求必应。这种在物质上的“无私奉献”、透支性付出,与精神上的忽视形成鲜明对比。“只讲奉献,不求回报”的传统家庭教育模式,使部分大学生从小就淡化了责任意识。同时,由于独生子女没有兄弟姐妹共同生活,容易形成感情上的“自我中心”,养成任性、执拗的坏脾气,他们只是被别人关心、关照的对象,却不知道,甚至都没有机会去关心、关照他人,加上家长对其过度保护,往往导致孩子从“我很特殊”演变成“我要特殊”,从而凌驾于家庭之上。

2. 社会环境的影响

当前我国的市场经济是以竞争为主导的,自我的彰显和竞争现实的影响,是当代大学生“自我中心”责任倾向形成的关键因素。市场经济是以能力和个体为本位的经济。这种经济是自我发展、自我约束、自我选择、自由竞争、自担风险的经济,它使自我能力和自我劳作的态度得到彰显,把自我推向了顶峰。所谓计划经济靠集体,市场经济靠自己的说法就是这个状况。这种现实,一方面促进人们自我意识的觉醒,使人们关注自我的能力、自我的劳作态度和自我的品行在现实中的意义,另一方面也导致自我膨胀,使一部分人不能正视自我,陷入自我中心的境地。而自我中心在相当意义上说,与自私自利具有同样的内涵。大学生的“自我中心”责任倾向就是在这样的背景下形成的。他们不仅目睹了市场经济竞争的事实,而且在求学发展的路程上也体验了竞争对“自我”的宠爱与残酷。从小学升初中有竞争,从初中到高中同样有竞争,高中考大学又几乎是决定自己命运的竞争。尽管大学已经不是精英教育而是大众教育,但现实教育资源的相对紧缺使大学生还具有优势地位。他们认识到了自我在现实中的意义和价值,这是社会所希望和期待的,但他们在认识自我意义的同时,却把自我膨胀了,以为一切靠自我,自我就成为中心了。其实,靠自我并不意味着自我是中心,自我是自己的中心而不是他人的中心,人人都是中心,中心与中心之间就有了互相理解和协调问题。

3. 学校教育的缺失

学校教育的应试化、片面化也应该为当代大学生“自我中心”责任倾向承担责任。教育的基本理念是教会孩子怎样做人,怎样做一个合格的公民,怎样做一个有益于自己、他人、社会的人。然而,在我国目前的教育中,受“教育工具论”的影响,学校往往把培养高分的学生当成了提高学校声誉、获得生源的手段。多年来,高考的指挥棒使得初等教育、中等教育沦为升学的工具,学校教育更多的是在关注升学率,教学成绩成了学校的唯一追求,甚至主宰着学校的生存和发展。在这一价值取向的影响下,育人变得更加微不足道。学生在考入大学后,就业又成为高等教育的指挥棒,学校将重心放在学生对专业技能的掌握上,关心最多的是就业问题。一些高校过于注重教育的功利性,而忽略了教育的育人功能。部分学生自私自利、缺乏修养、情感冷漠,这与高校德育落实不够有关。在高校的教育中,应加强感恩教育、诚信教育,为责任意识教育做好铺垫。这些铺垫在中学、大学校园中被忽略甚至被遗忘了,这对学生健康成长和全面发展是极为不利的。因为“感恩”是一种生活态度,是一种品德,如果人与人之间缺乏感恩之心,必然会导致人际关系的冷淡。爱己才能爱人,爱父母才会爱国家、爱社会。感恩教育有利于帮助大学生走出“迷失”的怪圈,更好地审视自己、认识自己,用行动来回报父母,报效国家,从而增强自身的社会责任意识。而诚信则是为人处世的行为准则,是真善美的具体体现。加强大学生诚信教育,要构建完善的诚信教育体系,创造诚实守信的校园氛围,建立监督机制,强化大学生诚信意识和规则意识,并逐渐帮助他们树立正确的道德观和价值观。

五、对策研究:在互动关心中健全责任意识

通过以上对当代大学生责任意识现状的分析可以看到,确实存在一定数量的大学生,他们无论是对自己、对家人还是对他人、对集体、对社会,都有着明显的“自我中心”倾向,尚未形成健全的责任意识。而“421”的家庭结构、畸形的社会竞争意识、学校德育教育的部分缺失共同构成了当代大学生责任意识偏差的主要原因。如何纠正与健全当代大学生的责任意识已经成为当代高校教育工作者研究的重心,我们试图从互动关心入手,以家庭和学校为抓手,先帮助大学生纠正责任意识的偏差,然后在此基础上,使他们能够自觉地将关心的理念推及今后的社会实践,在更广阔的空间继续践行人与人之间的相互关心,从而真正健全自身

的责任意识。

1. 家庭互动关心

海德格尔认为,关心既是人对其他生命所表现的同情态度,也是人在做任何事情时严肃的考虑。因此,我们说,关心不仅是最深刻的渴望,是一瞬间的怜悯,更是体现了对他人的责任。关心和被关心是人类的基本需要,人们在接受他人关心的同时也应该有关心的付出,否则这样的关系迟早有一天会崩溃,至少会走向畸形。比如当代大学生中会出现那样的"不孝儿子",与畸形的家庭关系是分不开的——父母不断付出对孩子的关心,而孩子在享受来自长辈的关爱时,却没有回报父母的关心,甚至不知道感恩,成为"冷漠的一代"。许多家长对孩子的关心和教育不但没有使孩子懂得感恩,反而丧失了自己在孩子心目中的地位,使孩子产生这样一种心态:"凡是我要求的,父母都应该给;否则,就是父母无能。"这样的观念一旦在孩子的脑海中形成,就不仅是父母的悲哀,更是社会的悲哀了。因为一个对父母都冷漠的人,是不可能在他人的身上散播关心的种子的,也绝对不可能具有健全的责任意识。因此,治疗当代大学生的责任意识偏差必须首先从家庭做起,从担当孩子责任意识教育启蒙老师的家长做起,在家庭中建立起一种平等、互动的关心关系,这首先就要有意识地培养孩子的感恩意识。

家庭教育对孩子的健康成长影响深远,父母是孩子的启蒙老师,他们对孩子感恩意识的形成负有首要责任。当孩子还是婴儿的时候,他天然地以呢喃、扭动、注视、微笑、依偎等温暖人心的举动来回馈母亲的关爱,这是一种最基本的感恩形式,也是婴儿对母亲最好的奖励。当孩子渐渐长大,中国的父母往往不要孩子感恩,使本来应为双向互动的父母与儿女间的情感变成父母对儿女"爱的奉献"的"单边行动",这种"谦虚"其实是一种错误的导向。父母有责任让孩子"婴儿式的回馈"得以延续和发展,要让孩子意识到,别人帮助了自己,就应当感谢,包括对父母。孩子只有能敏锐地感知他人(包括父母)的恩惠,才可能会谢恩和报恩,才会产生关心他人的情感。如果父母对孩子的教育是引导他们对他人(包括父母)的关心采用一种默许的态度,那么这种家庭教育必然成为溺爱孩子的工具,这就为孩子养成"自我中心"的责任倾向埋下了伏笔。同时,在"望子成龙、盼女成凤"的夙愿驱动下,孩子优异的成绩是父母最大的希望,只要他们成绩好,其余的都不重要了。父母的过度溺爱,使不少孩子对来自长辈的爱麻木了,他们不懂得体谅父母的辛劳,肆意挥霍父母的血汗钱,成为不懂感谢、不愿感激、不会感动的"冷漠一代",更不要提如何去关心他人了。因此,在家庭教育中培养感恩意识是培养关心意识的铺垫,只有具备了感恩意识,才可能在家庭中形成互动关心。

2. 师生互动关心

苏联教育家马里延科说过:"每个学生都可能发展成为道德高尚的人,但是每个人的道德品质的形成和发展过程是不同的,这是由他们所处环境中的种种关系决定的。"健全当代大学生的责任意识,除了父母营造互动关心的家庭氛围的努力外,学校更应承接培养学生责任意识系统教育的重担，这首先就要从构建互动关心的师生关系做起，因为师生关系是教育过程中人与人之间最基本、最重要的关系。互动关心的师生关系，不仅能让学生感知来自老师的关心，更能让学生也懂得适时关心老师。同时，这样的师生关系也符合当前各高校构建和谐校园的目标，因为建设和谐校园是落实以人为本的科学发展观的需要，而以人为本，就是要关心人，尊重人，促进人的全面健康发展。

当前大学的师生关系存在着一定的错位：一方面，教师认为他们一直在关心学生，而且试图把学生当作朋友；而另一方面，学生感受不到来自老师的关心，他们常常抱怨“没有人关心我们”，世界在他们眼里充满困难，既游离于功课之外，也与教师格格不入。据 2005 年 12 月《扬子晚报》上某高校师生关系的一次问卷调查结果看，虽然有 73% 的老师认为师生是朋友关系，但 91% 的学生不认可，他们认为师生是主动与被动关系。这种师生关系的尴尬错位，严重影响了校园人际关系的和谐发展。和谐良好的师生关系应当是尊师爱生、教学相长的互动关系，也应当是一种民主、平等、互尊、互爱的和谐而亲密的关系。传统观念上，教师在教育过程中处于主导地位，他们与大学生交往的作风、方式往往会对师生关系起重要作用。而当今社会，由于发达的网络，通畅的信息，教师的权威在一定程度上弱化了，但尊重教师仍然是尊重知识、尊重人才、尊重科学的重要表现，反映着全社会的精神文明水平。然而，如今的大学校园里，老师对教学的认真态度有时会为学生所不屑，甚至误解，戴上“名捕”的头衔；课间不擦黑板、上课不遵守课堂纪律已不是个别现象；有些同学见了老师擦肩而过，形同陌路；对老师的辅导答疑，连句“谢谢老师”都不会说的学生并不鲜见，不能不叫人寒心。在师生关系的相互作用过程中，老师应该是学生的良师益友，关心、尊重、爱护学生；而作为学生，更应该抱着感恩的心回报老师的谆谆教导，学生的自觉能动性同样对构建和谐的师生关系发挥着重要作用。教师是人类文化的传播者，在人类文化的继承发展中起着桥梁纽带作用。在学生的成长中，无不凝结着教师的辛勤劳动。健全大学生的责任意识，要通过互动关心的师生关系来实践感恩教育，使学生“知恩、图报”。通过感恩教育使学生明白，在这个社会里，爱从来都是双向的，谁都没有只奉献不求回报的义务，谁都没有只索取而不付出的权利。让学生知道别人为他付出的一切并非天经地义、理所当然的。人人时刻都在享受着父母、老师、朋友、他人、学校和社会的恩惠，人人都需要怀有一颗感恩的心来对待这一切。一个人再强也离不开他人的帮助，对他人施给的恩惠即使再小也要铭记于心，没有感恩心的人格是不完整和不健康的。用感恩心来融化自私心、冷漠心和自卑心，培养与人为善、助人为乐的品德。有感恩心的人会对周围的人和事充满感激之情，会以更积极的态度面对生活，形成我为人人、人人为我的良好社会风气。今天的大学生更应该像毛泽东当年尊重、感激徐特立那样尊重、感激自己的老师，要学会尊重教师的人格、尊重教师的劳动以及尊重教师的创造。

3. 生生互动关心

苏联教育家加里宁曾讲过：“优秀品德的培养不能借助漂亮的说教或空洞的、鼓动性的喊叫，它们只能以同志间的交往为基础，在日常的看不见的影响下，在整个生活过程中深深地被灌输到意识中去。”健全当代大学生的责任意识,我们还应该运用最具感染力的责任教育手段——在学生之间营造良好的责任教育环境,在有效的责任教育氛围中,学生与学生之间建立相互关心、相互尊重、彼此负责、彼此影响的人际关系。

等价交换原则不仅存在于物质的商品交换过程中,而且普遍地存在于人际交往的心理过程中。关心不是孤立的,自我从来就是存在于一系列的人际关系之中,在特定时间内,我们作为个人的态度与行为将会影响人际关系的质量,而自我也会随时受到置身其中的人际关系的影响。如果大学生一方在与另一方交往的过程中感觉得小于失,或失转化为得的可能性很小时,就会表现出疏远、回避的倾向,拒绝与对方交往。而如果一方做出了使对方能够感觉到好处的行为,并且对方同样以互惠方式回报,这样的人际关系即是公平的平衡关系,就容易维持下去。认为值得的交往会使人倾向于保持这种交往,而一方或双方感觉到人际交往是失大于得,那么这样的交往就会被认为不值得,难以维持。我们要努力使大学生在同学之间建立起相互关心、相互尊重、相互激励、相互学习、平等互助的人际关系,这对培养大学生责任意识是非常有感染力的。

环境的感染主要发生在同级学生之间,而为进一步健全大学生的责任意识,我们还应将生生互动关心的理念延伸到高年级与低年级同学之间,运用最直观的体验手段来实现。在责任情感、责任信念形成的过程中,学生的体验是非常重要的。大学生需要机会发展其正在形成的利他主义,他们当然具有极强的自我意识和个人主义,但同时也富有深切关怀他人的潜力。我们要培养富有爱心和有能力的人,在开展大学生责任教育过程中,应该有计划地向学生提供这种体验,引导学生通过实践来学习责任。例如,鼓励学生加入义务支教活动中,让他们更多地与年纪小的孩子在一起,通过支教活动,切身体会被需要的感觉,这不仅有利于完成学生与教师的角色互换,而且有利于他们站在更高的角度体验关心、感悟责任。同时,我们还应该让大学生参与形式多样的志愿者活动、参加义务献血等体现对他人、对社会负责的实践活动,这样不仅可以培养学生的回馈责任意识,也使得学生感受到对社会、对他人负责本身就是自我价值和社会价值达到统一、获得实现的过程,从而产生责任认识和责任行为相结合的需要,进而内化为责任意识和责任感。

案例讨论

美国海军陆战队的核心价值卡

鲜明的核心价值观能为组织管理指明目标,它就像一面旗帜,统领着团队的思想和行动。个人会自觉以团队的核心价值观为指导,用满腔的热情去寻求团队的最大利益。

在美国海军陆战队,每个队员都持有一张卡片,正面写着“荣誉、勇气、责任、诚信”,背面写着陆战队员需恪守的 8 项准则,这就是陆战队的核心价值卡。

陆战队发行核心价值卡的惯例始于 1995 年。每个队员都要在卡片上署上姓名并随身携带,各级长官会不时抽查。在新训营中,教官们更是想尽一切办法,随时要求学员背诵卡片上的内容。

在核心价值卡上，每个陆战队员的签名都代表着一种承诺、一种责任，也都意味着他们必须对它永远忠诚！陆战队录取官说："我们看重的是人品，不是技能。"技能可以培训，而人品的培养却非朝夕之功。

忠诚于团队核心价值观的人能够为集体荣誉着想，能够承担并践行承诺的责任，能够忠实地执行命令，能够自觉复命而无须监督，能够及时承认和改正错误，保障任务高效率完成。

陆战队强调荣誉，也张扬荣誉。在陆战队里，每批队员获得晋升，每次公布奖励，甚至每批学员从新训营毕业，都要举办正规而隆重的庆典。这种公开的正面嘉许和荣誉赋予了队员们更多的期望和责任。

正是由于这些鲜明的核心价值观深入人心，陆战队员才能够在执行过程中，以最高标准服从命令，及时复命，完成任务，组成世界上一支骁勇善战的军队。

思考题

1. 责任的内涵是什么？
2. 大学生责任意识的现状中，有哪些是跟你相对应的？
3. 如果你存在责任意识方面的问题，该如何去改变现状？

互动游戏

"我是责任者"

每两人一组，两人之间相距一米。A 蒙眼背对着 B，向 B 的正面平躺倒下去，B 站在原地不动，只是用手接住对方的肩膀以帮助 A 保持平衡，并说："放心吧，我是责任者。"

要求：每位同学都要参加活动并认真体验，结束后，每组经过集中讨论后，派出一名代表谈感想。

本章小结

当今社会，培养和提高大学生的责任意识已成为教育界普遍关注的热门话题。然而，不同时代、不同社会的人对责任的理解也不尽相同。

责任是人的一种存在方式，它伴随着人类社会的产生而出现，并随着社会和时代的发展而不断变化。因此，我们将责任定义为：在一定的历史条件下，作为社会人对其扮演的社会角色所应当承担的职责和履行的义务。

责任就是担当，就是付出。责任是分内应做的事情，也就是承担应当承担的任务，完成应当完成的使命，做好应当做好的工作。责任感是衡量一个人精神素质的重要指标。

责任能力简单地说就是指一个人对其行为承担责任的能力。

责任分为法律责任、道义责任、虚拟责任、家庭责任、社会责任、理性责任。

责任的基本要求有价值观要求、最大价值率要求。

责任和忠诚是军人精神的内核。责任和忠诚是企业文化和精神的灵魂。把责任和忠诚作为企业的精神命脉注入每个成员的心里，才能够最大限度地实现团队成员的责任和忠诚。

作 业

假定你现在是一名团队负责人(团队性质自拟)，请根据你自己的理解完成下面的表格。

一、你的团队是做什么的？
二、你平时的工作任务应该有哪些？

第七章　规则意识训练

[学习目标]

1. 了解规则意识的基本概念,认识规则对社会的重要性;
2. 树立合格公民意识,成为社会需要的人;
3. 认识规则意识与自我管理的内在关系;
4. 了解文明礼仪是自我管理的基础;
5. 掌握大学生应该遵守的文明礼仪。

[导入]

一个在国外的留学生,课余为餐厅洗盘子以赚取学费,餐厅有一个行规:盘子必须用水洗7遍。但洗盘子的工作是按件计酬的,洗得多工资就多。

其中一个留学生的劳动效率远远高于他人,其他留学生向他请教技巧,他毫不隐瞒:"少洗两遍就行了。"这些学生没有照他说的去做,却渐渐地与他疏远了。

餐厅老板偶尔会抽查一下盘子清洗的情况。一次抽查中,老板用专用的试纸测出盘子的清洁程度不够,责问这位留学生,他却振振有词:"洗5遍和洗7遍差别并不大。"老板淡淡地说:"你是一个不守规则的人,请你离开吧。"

规则不会时时刻刻约束你,但却时刻伴随在你身边。俗话说:"没有规矩不成方圆。"如果生活在没有规则的社会里,我们将寸步难行。特别是我们现在生活在一个高速发展和互联紧密的时代,如果没有规则,我们的生活将陷入一片混乱。那么规则是如何建立起来的呢?制度和法律虽然起着非常重要的作用,但要真正建立起一个良好的、有秩序的社会环境,仍然靠的是每一个人的努力。

作为将来要走上职业岗位成为一名社会人的大学生,有必要在完全进入社会之前反思一下自我的规则意识是否建立起来,有没有做好准备从思想和行为上管理好自我,真正融入这个社会中去,成为一名合格的社会人,立足并生存于这个社会中。

每当在社会中遇到困难的时候,总会有人嗟叹自己人生太过坎坷,有人埋怨自己家庭条件太差,在人生的道路上不停感叹命运蹉跎,实际上这是没有按照社会的规则来面对自己所走的路。"蹉跎"这两个字:"蹉"就是走差(岔)道了,"跎"就是走到别的地方去了。因为我们没有按照规则来走,因此只有嗟叹。要走向成功,使自己的人生更有价值和意义,就必须从自身出发,按规则行事,进行有效的自我行为管理。

同时,作为国家公民,有责任和义务遵守国家的各项法律和规章制度,并具备中华民族的基本道德礼仪,自觉地将个人特质与国家社会规则有机耦合,有效地进行自我行为管理,树立合格公民意识。只有将社会规则意识根植于心中,真正把自己当作国家民族的一分子,把合格公民的行为意识自然而然地与工作、生活融为一体,我们的存在感和国家于我们的归属感才能产生强大的推动力,促进民族的振兴。

资料1

2015 年是北京市实施公共场所禁烟的第一年,虽然制度和体系都建立得比较完善,但是在执行过程中还是遇到了不少阻力。在一次例行检查过程中,禁烟人员发现某宾馆的垃圾桶等公共设施上面都有明显的烟草广告,按要求这些广告不能出现在公共场合,于是对该宾馆下达了处理通知书,劝其清除广告。两个月后,当禁烟人员再次来到这家宾馆时,这些烟草广告仍然还在,于是禁烟人员下达了罚款通知书并责令其立即清除广告。了解到该宾馆是烟草公司的自办企业,于是通过烟草公司进行督办。3 天后当禁烟人员再次检查时,烟草广告已经清除,但是宾馆管理人员拒交罚款并开始耍赖,辩解说他们打的中华字样的广告不是烟草广告而是中华牙膏广告,禁烟人员就是为了罚款诬陷他们。当禁烟人员拿出现场取证的照片时,他又用各种理由辩解推脱,禁烟工作难之又难。如果仅靠法律和规章制度来进行他律,禁烟也许只是形式而已,只有每一个人把禁烟当作一个社会人应该遵守的规则,那么公共场所禁烟,还大家一个干净清洁的生活环境将指日可待。

第一节　如何进行自我行为管理

一、规则与自我行为管理

1. 规则、规则意识与自我管理的定义

规则是指规定出来供大家共同遵守的制度或章程。比如排队,大家为了避免出现混乱给自己带来不便,因而作出了排队的约定,这个约定是靠大家共同遵守来维系的,因此,规则具有普遍性、制约性和发展性的特点。

规则意识则是指发自内心的,以规则为自己行动准则的意识体现。规则意识有三个层次:首先是关于规则的知识,就是首先得了解有哪些规则,这些规则的内容是什么。具备这些知识基础,但仅有规则知识是不够的。其次是要有遵守规则的愿望和习惯。规则意识的最后一个层次是遵守规则成为人的内在需求,成为一种自觉的行为取向。因此,我们要形成规则意识就要经历一个了解规则知识、形成规则习惯最终形成自发规则需求的成长过程。

资料2

下面是一位从美国回来的中国老奶奶的经历,看完后谈一谈你的感受。

第一次到美国时，我将洗过的小外孙的小衣服晾晒在阳台上，女儿叫我收进来，晾在家里，她说在阳台上晾晒衣服影响小区的美观，房主会有意见，因为会影响客户对住宅小区的评价。我去年冬天第二次来到美国，腌了一些咸肉，准备过冬时烧腌笃鲜和咸肉菜饭，又晾晒到阳台上，这一次我用鲜艳的装饰包装纸将咸肉裹起来，做成喇叭状，远看、近看都非常艺术。有一天刮大风，吹掉的包装纸落在楼下邻居家窗外，女儿赶紧下楼去收拾包装纸，她说不能将废纸掉在邻居家门前屋后。女儿的行为使我想到，规则意识是可以培养的，因为女儿在国内时并没有如此较真过。

客居美国时间稍久，发现美国人很注意对孩子规则意识的培养。一次，我看见一个稍大的男孩凭借武力抢了一个小男孩的玩具，大男孩的父亲对儿子说："赶快将玩具还给小朋友，并向小朋友道歉！"大男孩不依，父亲又说："你如果不去道歉，我就只好代你去向小朋友道歉了！"过了一会儿，这位父亲果然认真地将玩具交还给小男孩并代儿子向他道歉。

规则意识是可以在后天的培养教育过程中形成的，规则意识的形成既是对社会运行规律的领悟，也是对个体自身的尊重。规则意识不在于法律的严苛，而在于自身的自觉。既然规则需要自律，那我们就必须弄清楚什么是自我行为管理。

自我行为管理就是对自己的行为进行规划、调节、反馈的控制过程。需要利用个人内在力量改变自我行为，注重自我教导及约束的力量，与个人的认知、体验和行为习惯有密切的关系。符合规则是自我行为管理的目标，自我行为管理是实现规则作用的必要条件。规则是给个人行为划定的一个范围，每个社会人必须视规则为自我行为管理的准则，形成规则意识，使自己的行为能够符合社会的要求。

2.规则与自我行为管理的关系

规则的存在是以行为实践为基础的，从某种意义上来说，遵守规则规则就存在，不遵守规则规则就不存在，因此它与个体的主观能动性有着极其密切的关系，要实现规则的作用，还得反思自我，从自身内在的意识体系寻找动力源泉。

孔子说："吾十有五而志于学，三十而立，四十而不惑，五十而知天命，六十而耳顺，七十而从心所欲不逾矩。"最后一句是与规则有关的，只有不逾越规矩，把规则看作理所当然的，才能够"从心所欲"自由自在。每一个人每天都想着要自由自在，那么什么是自由呢？就是管理好自己的行为，不违反规则。

二、自我行为管理的条件

1.外界条件

要进行有效的自我行为管理，就必须对自我与外界的关系进行系统的分析，掌握自我行为管理的外界条件，或者说具备基本的社会认知能力。只有对目前所处的社会环境有了明确的了解，才能够根据实际情况调控自己的行为，实现有效的自我行为管理。

资料3

从负债累累到硕果累累的创业之路

王艺洋夫妻俩2009年从四川大学毕业，大学毕业后两人都找到了一份不错的工作，都成了公司的高级主管。2012年春天，两个人不满足于朝九晚五的生活模式，决定下海自主创业。2012年秋天，他们开办了第一家自助烧烤主题餐馆，盈利状况良好。2013年10月两人开办了7家分店，生意一度火爆。从2013年底开始，由于经营管理出现了一些漏洞，二人从盈利开始转入负债，最困难的时候他们共负债200余万元。两个人开始思考出现这种情况的原因，原来管理过程中对材料的选购和制作并未统一，造成口感和质量上有所差距，让顾客产生了不信任感，于是失去了很多固定客户。他们痛定思痛，关闭了所有分店，倾力打造一家门店，并开始积极学习管理知识，对市场满意度、顾客对菜品的要求和口味都进行了深入的调查，打造出了独特的成都自助烧烤。随着品种的增多和烤制方法、烤制技巧的多样化，他们的自助烧烤开始小有名气，于是他们又重新开始探索扩大之路，随着第二家、第三家分店的开张，他们积累的经验开始发挥作用，到2015年3月已经有11家门店，而且生意都非常火爆。王艺洋夫妻成功了，他们从负债累累到硕果累累，走上了一条了解社会状况，调节自身行为，从而有效适应社会走向成功的道路。

我们生活在这个丰富多彩的社会中，社会环境是我们赖以生存的土壤，我们必须清楚，只有融入社会才能发展自我。

自我行为管理的外界条件有以下三个：

(1)群体意识。要改变过去“两耳不闻窗外事，一心只读圣贤书”的观念，将个体融入社会环境当中去，把自己的发展和社会的发展结合起来，要拥有社会人的观念，树立群体意识，那些“事不关己高高挂起”“国家发展大计与我无关”“社会如何发展岂是我一小民须知的”观念是不正确的。特别是在高速发展的现代市场经济社会当中，社会化大生产和飞速发展的信息资源让我们与社会结合得更为紧密，我们不仅要了解社会知识，更要学会利用好社会资源，把自己与社会紧密地联系在一起，实现个人的成长与成功。要深刻地认清自我是群体中的个体，群体是由个体组成的群体，谁也离不开谁。马克思早在《论犹太人问题》中表达了这样的观点：“只有当人认识到自己的‘原有力量’，并把这种力量组织成为社会力量而不再把社会力量当作政治力量跟自己分开的时候，人类解放才能完成。”把自己的力量与社会的力量融合在一起，并服从社会发展规则，我们才是自由的、完全解放的。

(2)个体社会定位。我们除了树立群体意识融入社会以外，还要对自己在社会当中的角色进行认真定位，从自身拥有的资源和可调用的社会资源两方面出发，精确地分析出自身能够达到的目标，从而找准自己的定位，有的放矢地进行自我行为管理。

(3)公民意识。作为一个国家的公民，我们因为国家的庇护而能够拥有个人的尊严，那么维护这个国家的正常运行也要求每位公民能够以国家社会的和谐作为自己日常行为的基本准则。因此,通过自我行为管理使个人行为与国家社会发展相协调是每个公民应尽的责任和义务,每个公民都应树立成为合格公民的意识,国家社会才能科学有序地发展。

(4)社会辨识。世界是丰富多彩的,也是纷繁复杂的,无时无刻不存在着优胜劣汰、适者生存的法则。如何抵挡住诱惑,克服困难,找到自我、成就自我成为我们进入社会之前必须明白的一件事情。对于社会上存在的各种现象,我们要学会透过现象看本质,增强自己的社会辨识能力,为有效的自我行为管理找到依据和标准,不能盲目地从表象出发去犯不可饶恕的错误,走一些不必要的弯路。

2. 内部条件

要实现有效的自我行为管理,除了要对外部社会要素进行认知和分析以外,还应该对自身的内部条件进行分析,具备操纵个体行为的自我调控能力。

(1)明确行为动机。"凡事预则立,不预则废",只有明确了行为动机才能够准确达到目的,并且不会失去动力,勇往直前。准确了解行为动机是从内因上调控自我行为的有效方式,如果自己都不清楚自己的行为动机,那么进行自我行为管理就无从谈起。

(2)客观分析自我行为。每当面对自己所做的事情时,我们总会失去判断的客观标准,这是我们在行为过程中经常犯的一个错误,从而导致一些不必要的错误。因此,客观分析自我行为是否符合社会规则,能否在群体和组织中实施,而不是仅仅站在自身的角度去考虑得失,我们就不会丧失社会支持。例如在宿舍中,其他同学都有早睡早起的习惯,而你却喜欢夜晚开大灯学习,这个行为就不恰当了。可以选择与同学协商适当调整作息时间,也可以选择关掉大灯使用台灯等方式来解决问题,如果只顾自己而制造宿舍矛盾,那就得不偿失了。

(3)抗干扰能力。自我行为管理当中固然要考虑各方面的因素,但是也不能考虑太过烦琐而止步不前。要在遵循社会规则的基础上具有自己独到的判断力,提高自身的抗干扰能力。

小羊吃草的故事

有一只小羊早上起来准备去吃草,刚走出羊圈就听到一只羊告诉它,东村的草又多又鲜美,你快去吧。于是小羊立刻向东村走去。走了一段路碰到了一只老羊,老羊说,东村的草不好,西村的草又多又鲜美,你快去西村吧。小羊立刻掉头往西村走。走了一段路又碰见了另一只羊,那只羊说,西村的草不好,东村的草才好,小羊又掉头往东村走。这一路上它不断地听别的羊的劝告不停地掉头,结果饿死在了东村和西村之间的路上。

自我行为管理的最终落脚点在自我,行为是自我产生的,自我又是行为的承受者,因此要体现自我行为的独特性,当然这种独特性是以促使个体契合社会,实现正向成长为前提的,是在遵从规则的范围内促成个体成长发展的。

(4)果断的调节能力。在自我行为实施的过程中,个体必须根据实际情况分析利弊,尊重规则,对自己的行为进行及时准确的调节,避免偏离目标而造成不可挽回的损失。

以上面小羊吃草的故事来举例,小羊在来回奔波的过程中会发现自己来回在走,却没有看到东村或西村的草地究竟是什么样的,如果它立即改变行为,坚持到某个村看看草地情况再得出结论,就不会被饿死了。机会有时候是稍纵即逝的,我们调节行为的时候除了要做好充分准备以外,还要果断及时。

(5)形成行为习惯。我们很多行为是在不经意间做出的,因此养成良好的行为习惯是我们实现有效自我行为管理的重中之重,只有有规律的、遵从规则的行为习惯才能让我们更好、更快、更有效地在社会中找准自己的目标和方向,更快地融入社会当中,更快地让他人和组织发现个体的价值,从而促使我们更稳健、快速地走向成功。

第二节 文明礼仪基本规范

一、文明礼仪的定义

我国自古以来就是文明之国、礼仪之邦,源远流长的民族文化塑造了中华民族文明礼仪的深厚内涵。

"礼"其实就是规矩和规则,孔子一生都在研究"礼",他认为"礼"是治理国家、维系社会的基础,也是人与人之间维系和谐融洽社会关系的纽带。"仪"就是规程、仪表、仪态。

在人际联系日益密切的今天,文明礼仪是现代文明的象征,是个体基本素质的要求,也是我们能否成为合格的职业人所必备的重要素养。文明礼仪是指人类为维持社会正常运转而要求人们共同遵守的最基本的道德规范,它是人们在长期共同生活和相互交往中逐渐形成,并且以风俗、习惯和传统等方式固定下来的。

二、大学生注重文明礼仪的重要性

古人云:"天下难事必作于易,天下大事必作于细。"要成为一个有价值的人、成功的人、有大成就的人不是一朝一夕的事,也不是一开始就可以做成大事业的,要从简单的事、细小的事做起,并从易事、小事当中树立规则意识,积小流以成江海,积跬步以至千里。文明礼仪作为生活中最基本的规则,见之于我们生活当中的点滴细节,小了来看它可以看出一个人的素质,大了来看它可以成就一个人也可以毁灭一个人。

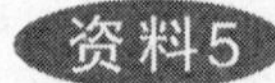

伟人名人的文明礼仪举止

孔子非常重视生活当中的礼仪。凡是见到比他年龄大、职务高的人,他都会行礼问好;

遇到身体残疾或行动不便的人，他都会主动让路；要出屋子的时候，比他年龄大的人还没走，他是不会先出去的。他总是很谦虚，不仅向有学问的人请教，甚至对小孩他也会虚心求教，留得千古美名。

有一次，列宁同志下楼，在楼梯狭窄的过道上，正碰见一个女工端着一盆水上楼。那女工一看是列宁，就要退回去让路。列宁阻止她说："不必这样，你端着东西已走了半截，而我现在空着手，请你先过去吧！"他把"请"字说得很响亮，很亲切。然后自己紧靠着墙，让女工上楼了，他才下楼。

1. 当代大学校园的文明礼仪缺失情况

(1)缺乏公共文明行为意识。大学生应该是社会的精英，高素质人才的标杆。然而在社会上，人们对大学生的文明礼仪面貌评价不高，甚至还有很多吐槽。反观部分大学生的公共文明面貌确实堪忧：在公共场合大声喧哗、吞云吐雾、随地吐痰、抢座占位、排队加塞、赤膊袒胸等现象层出不穷。

大学生应该是端庄礼貌的谦谦君子，却成了杂乱无章的食堂抢神；大学生应该是生机勃勃的天之骄子，却成了死气沉沉的课堂睡神；大学生应该是风度翩翩的韶华青年，却成了不修边幅的慵懒群体。因此社会上对大学生的看法发生了变化，各种招聘选拔的条件和测试也应运而生，大学生经常感慨就业压力大，企业挑人太苛刻，而文明礼仪的缺失是造成这一结果的重要原因之一。

(2)缺乏文明交往行为意识。礼尚往来、彬彬有礼应该是高素质人群的形象表现，然而大学生群体当中"出口成脏"、不敬师长、同学之间没有真切友谊甚至大打出手的情况比比皆是。云南大学马加爵将榔头伸向了室友，复旦大学研究生对室友投毒这耸人听闻的惨案竟然发生在纯洁的校园，着实让人匪夷所思。大学生在人际交往之中缺少了文明的方式，让大学生的形象大打折扣。

(3)缺乏网络文明行为意识。在网络发达的今天，人们可以利用网络获取信息，传递友谊，思想、生活方式都发生了巨大的变化，自由随性的生活方式在网络虚拟社会当中得到了极大的显现。但是大学生当中有人并没有在网络信息传播和交往的过程中体现文明形象，不仅传播谣言、传递负面消息、恶语中伤、实施诈骗，还制造混乱、迷惑的网络环境。

(4)缺乏诚信文明行为意识。无论是考试作弊还是简历"作假"，都体现出大学生诚信文明行为意识的淡薄，有的学生在被老师发现作弊后，非常淡然，没有丝毫羞耻感。有的学生为了请假出游，竟然以亲人过世为借口，被老师查明后竟然一笑置之，让人无法理解。诚信的日渐消逝必须引起我们的高度重视。

也许部分大学生对这些文明礼仪的缺失现象并不以为然，甚至有人将是否作过弊、是否逃过课当作大学生活完不完整的标准，真是让人难以想象。然而社会规则是公平的，过去社会对大学生绝对信任，大学生的地位高，现在社会对大学生不再完全信任。就业难仅仅是因为高等教育大众化了吗？难道与我们放松了自己、降低了标准没有关系吗？这个标准的降低就出现在最基本的文明礼仪规范上。

提到20世纪七八十年代的大学生,人们脑海里立刻会浮现出戴着眼镜、紧张腼腆、着装周正、胆怯却有着热血的形象。提到当代大学生,人们脑海里浮现的是什么样的形象呢?可能是电脑桌前紧盯屏幕、吼声满楼道的狂热形象;可能是不同发色、穿着嘻哈、耳机不离身的潮人形象。我们不能把个性定义为反规则,破坏规则,对不如意的规则采取"不合作"态度的行为,那将使我们离文明越来越远,这不是进步而是倒退。

2. 文明礼仪对大学生的重要性

大学生是国家公民,他们是祖国未来的建设者和事业接班人,他们在大学阶段的行为举止很大程度上决定着国家和民族的未来。大学生的文明礼仪修养体现着学生自我成长发展的基本状态,是整个民族基本素养的体现。大学生应该具备良好的文明礼仪素养,将文明礼仪的要求内化于心,为将来进入社会,成为合格的国家公民,成为国家和社会形象的代言人奠定基础。

现今社会对大学生文明礼仪缺失的各种批评已经屡见不鲜,大学生因为缺乏礼仪素养而无法顺利就业的实例也不胜枚举。面对社会对大学生基本素质的信任危机,身在校园的大学生必须为自己的前途考虑,认真思考应该怎样加强自身的文明礼仪修养。通过在大学的学习,认真学习文明礼仪,实践文明礼仪,养成文明行为的习惯,把中华民族崇尚文明礼仪,做文明人、做文明事的优良传统继承和发扬下去。

资料6

礼貌赢来的机会

小李参加了一场面试,因为这次面试关系到自己的梦想,因此小李做了充分的准备,从简历到面试内容以及面试官可能要提的问题,小李都一一考虑到了。终于到面试那一天了,小李精心打扮,调整状态和情绪,可以说是各方面都达到了最佳状态。面试完毕以后,小李自信满满,认为自己一定能够应聘成功。但是,时间一天天过去了,人事部门还是没有通知他入职,小李非常焦躁,他知道希望越来越渺茫了,因为面试三天后如果不能拿到入职通知,就意味着他被淘汰了。小李非常想得到这个机会,因为他把一生的梦想都倾注于此了,于是他抱着试一试的心态给招聘人员写了一封感谢信,感谢招聘人员的辛勤工作,并希望招聘人员能够告知面试结果。感谢信写得很真诚,也很感人。就因为这样一个小小的举动,招聘人员为小李争取到了一个实习的机会。小李当然不会错过这样一个好机会,通过努力,最终成为正式职员,圆了自己的梦。

(1)文明礼仪是形成良好学风的必要条件。大学校园里现在有一些不良现象影响着学生的健康成长与发展,上课迟到、早退甚至旷课,上课时玩手机、看电子书、睡觉,对老师所讲的内容充耳不闻,学习成绩红灯高挂,这些情况严重影响了高等学校的教学效果。来到大学学习的莘莘学子都怀揣着梦想,都希望通过学习来达到自己的目标。但是现实总是残酷的,学习也是很辛苦的，当实现梦想的艰难和宽松自由的环境产生化学反应时，总会让人产生一些慵懒的情绪，这时候就需要在这个化学反应里增加一点催化剂来促使大学生忘却艰难、充满激情。试想一下，如果每位学生都遵守课堂纪律，尊师重教，都有明确的时间观念，能够懂得师生交往的基本礼仪，懂得对待学习的文明态度，树立良好的大学生形象，上面提到的这些不良现象将会大大减少，学习风气自然就好起来了。

(2)文明礼仪是形成良好校园环境的坚实基础。大学校园应该充满浓浓的文化气息，弥漫着青春的阳光，让人有一种沐浴在知识和科学春风中的感觉。要营造这样的大学环境，就需要大学生强化文明理念，不在公共设施上乱涂乱画，不在公众场合大声喧哗，正式场合需正式着装，不把学校当成恋爱的公园，不插队加塞，早上起来锻炼身体，自发加入读书社、辩论队、科学研究小组等组织，为自己营造积极向上、文明健康的环境。

(3)文明礼仪是大学生成长成才的基本要素。具备基本的文明礼仪素质，懂得如何在人际交往中恰如其分地处理好相互之间的关系，在不同的场合做适合自己身份的事情，对于大学生来说是非常重要的。荀子说："人无礼不立、事无礼不成、国无礼不宁"，文明礼仪既承载着中华民族上下五千年的文化内涵，也延续着中国人民明礼大成的精神血液。中国大学生作为中华民族文明的传承者，承担着实现中华民族伟大复兴的重任，文明礼仪不可或缺。

(4)文明礼仪是大学生职业素质的重要内容。随着市场经济改革的深入，现代企业的用人标准和人才选拔要求也发生了深刻的变化。原先可能注重人才的技术和能力，但是现在更注重人才给企业和产品带来的潜在价值。蒙牛老总牛根生曾经说过："我们的用人理念是'有德有才优先录用、有德无才培养使用、有才无德限制使用、无德无才坚决不用'。"因此，大学生要适应社会的发展变化，根据市场需求苦练内功。文明礼仪作为社会基本道德准则，从不同方面折射着每个人的价值观和人生观，将成为人们职业生涯中的重要素质。

三、文明礼仪规范的内容

在中国源远流长的文明历史中，文明礼仪的优良传统一直被传承着，涵盖了社会生活的方方面面，在全球一体化日趋明显的今天，我们兼容并蓄地学习着别国优秀的礼仪文化，形成了具有现代化气息的文明礼仪体系。大学生应该了解文明礼仪知识，养成良好的文明礼仪习惯，成为知书识礼、具备较高文明素质的优秀人才。

1. 公共礼仪

1)公共场所礼仪

在公共场所，要注意的原则就是在什么场合做什么事，凡事多替他人着想，换位思考。公共场所是人群集中的地方，私密的事情和影响他人的事情是不适合在公共场所做的。例如在电影院里大家都在安静地看电影，我们应该自觉地将手机调为静音或关机状态，接打电话应该到放映室外。在拥挤的公交车上与人发生挤碰应该互相宽容，礼貌当先，这样就会减少彼此矛盾冲突,避免出现不和谐的情况。

公交车上的另类乘客

辽宁卫视《说天下》节目报道了这样一个事件:重庆一辆拥挤的公交车上,有乘客发现竟然有一只小狗坐在座位上,就问:“这是谁家的小狗啊?怎么还坐在座位上?这叫站着的人情何以堪啊?”这时候坐在小狗旁边的女士开口了:“我家小狗上车刷了卡的,交了钱就该坐位置啊,交了钱消了费就应该享受服务不是?”孰对孰错我们来讨论一下。

2)出行礼仪

“中国式过马路”已经成为众所周知的一件“糗”事了,外国人到了中国都开始“自觉地”遵守这个“规则”,但是这带来的安全隐患可不容忽视。如果大家都不遵守交通规则,各行其是,那么交通秩序必然会出现混乱,即使行人是弱势群体也应该遵守规则文明出行。如果是开车出行更要文明行车,因为车辆虽然是人手足的延伸,但毕竟没有手足灵活,稍有不慎就会酿成惨案。出行还要注意买票排队,给老弱病残让座,不影响他人休息,等等。特别是如果到国外出游更要注意礼仪,不能影响中国人的形象。

2. 生活礼仪

1)着装礼仪

着装问题看起来是个人问题,实际上是社会问题、礼仪问题。弟子规中说:“冠必正,纽必结。袜与履,俱紧切。”可见古人对着装就有要求,如果穿戴不合适是会被人笑话的。在现代社会,穿戴着装也是非常重要的,在什么场合穿什么样的衣服都是有讲究的,着装礼仪显示的是个人形象素质。有的人说那叫“装”,着装当然得“装”,但这个“装”不是装样子,而是装扮自己以适应场合的需要,俗话说“人靠衣装马靠鞍”,就是这个道理。

2)仪态礼仪

个人的仪态表现个人的精神面貌,一言一行、一举一动都会对周围的人或事物产生影响,而这种影响也会反馈到自己。个人的卫生习惯是仪态礼仪中非常重要的一个环节,要保证自己以最好的状态出现在众人面前,让人感觉得体,而不是蓬头垢面、睡眼迷离,切忌在他人面前挖鼻孔、掏耳朵、抠指甲、搓泥垢等,这些行为不仅不雅观,也是对他人不尊重的表现。

仪　态

站姿:站立是人最基本的姿势,也最能体现一个人的精神状态。站立时应保持身体正直,挺胸、收腹、提臀,双手自然垂放,目视前方并调整视线,表情得当,不要歪斜、抖腿、搓手、昂头等。

坐姿：坐着的姿态如果得当会让人感觉很和蔼，有礼貌，给人文雅、稳重、自然大方的美感。入座时应该腰背挺直、肩放松，女性应双膝并拢，自然倾斜，男性可适当分开，但不能超过肩宽，双手自然放置。起身时要端庄，不能唐突，影响气氛。

走姿：走路能够体现出一个人的筋骨，要有力，稳重，抬头，挺胸，双臂自然摆动，双眼平视，自然调整视线，并注意观察周围的环境。

在平时的生活中还要注意坐有坐相、站有站相，时刻展现“精、气、神”，学习古人“坐如钟、站如松、走如风”的精神面貌，让他人觉得自己生机勃勃、精神焕发。

3. 交往礼仪

1）语言礼仪

语言是人与人交流沟通的第一工具，它可以成为一门艺术，也可以成为伤人利剑，关键在于个人如何运用。俗话说：“良言一句三冬暖，恶语伤人六月寒。”我们要运用好语言工具，使其成为促进交流沟通的法宝。

语言沟通时一定要注意礼貌，态度要诚恳、真挚，注意语调的抑扬顿挫，同时要注意让人听清楚，不能含混不清。在交往过程中多用敬语，表示对对方的尊重，礼多人不怪，有时候一句敬语可能会事半功倍。我国提倡的礼貌用语有“您好”“请”“谢谢”“对不起”“再见”等。

谈话时也要注意个人的姿势，距离要适当，要有眼神交流，不能东张西望，要适时给予关注和回应，不要出现打哈欠、看表等行为，避免信息交流的阻断。

2）行为礼仪

人与人之间除了语言上的交流外，还有行为上的交流，这也是我们要注意的。见面时要握手，见到长辈、师长要鞠躬，对待父母要有礼貌，餐桌上宾主有别，觥筹交错、待人接物都有礼仪。交流时在不同场合也有不同的行为，有时要严肃，有时要活泼，要收得住放得开，不卑不亢、有礼有节。以握手为例，握手时要目视对方，面带微笑，不可戴帽，不可戴手套，时间要控制得当，和女士握手时最好是握住手掌的前半部分，时间不宜超过 3 秒。握手时也讲究一定的顺序，一般等女士、长辈、已婚者、职位高者伸出手来之后，男士、晚辈、未婚者、职位低者才能伸出手去回应。

3）入乡随俗

中华民族大家庭中有 56 个民族，各个民族的风俗习惯和礼仪文化不尽相同，每个地域也有不同的风俗和地域文化，在交往过程中要注意不同民族、不同地域的礼仪，入乡随俗，不要闹笑话，更不能犯禁忌。

4）网络礼仪

现代信息社会，网络已经成为人们生活中不可或缺的交流工具，网络也因其复杂性、虚拟性和不直面性给我们的交往带来了一些影响。当代大学生应当注意文明上网，传播正能量，诚信交友，不散布谣言，不利用网络谋取不正当利益，做一个文明的净网使者。

除此之外，交往过程中还要注意接打电话的礼仪、乘车礼仪、舞会礼仪、拜访礼仪、馈赠礼仪、合影礼仪等交往礼仪。

4.校园礼仪

大学生作为在校学生还没有走上社会，校园是其走向社会之前学习文明礼仪的最好环境。因此，大学营造的校园礼仪氛围，将影响着大学生的成长和发展，决定着其能力和素质。

1)宿舍礼仪

宿舍是大学生学习生活的基本场所，宿舍里的行为举止和宿舍中的基本状态展现了我们在生活中的基本面貌。宿舍因为有同学一起居住并不是简单私密的场所，也属于公共场所。俗话说“一屋不扫何以扫天下”，如果在宿舍中没有良好的礼仪行为，那么我们就不会养成良好的礼仪习惯，更不可能形成规则意识，因此宿舍是大学生活中最重要的礼仪素养培育场所。大学生在宿舍里要形成互相帮助、互敬互爱的礼仪氛围，同学之间也要讲礼貌，真诚相待，形成一些基本的起居、卫生、行为约定并坚持实施，养成良好的起居、卫生和行为习惯。与其他宿舍要和睦相处，不影响彼此的生活，不姑息不良习气，共同打扫公共卫生，营造良好的宿舍环境。

资料8

一根网线引发的血案

某宿舍住着5名同学，小王经常独自行动，很少与室友沟通。有一天他回到宿舍，发现自己的网线插在另外一名同学的电脑上，于是非常气愤，立刻把网线从电脑上扯了下来。在扯掉网线的过程中将同学的电脑带了下来，发出很大的响声，惊动了其他同学，同学们对他的这种行为表示非常不理解。电脑的主人见自己的电脑掉在了地上，连忙过来查看并问小王：“你为什么要扯我的电脑?”小王说：“这是我的网线，你凭什么插在你电脑上?”“不就用下你的网线吗，好好说不行吗?”那名同学反驳道。小王说：“你没有经过我的允许，你就不能用我的网线。”电脑的主人说：“你经常不回来还占着这个网络插孔，用一下怎么了，你看把我电脑都摔了!”另外两名同学也帮着电脑主人打抱不平，气氛一时火药味十足。小王一看大家都针对他，委屈极了，跑出了宿舍。下午上课大家也没见到小王，直到下午下课，同学们走出教学楼，这时候躲在教学楼石柱旁边的小王冲了出来，拿着手里的木棍敲向了宿舍里与他产生冲突的三名同学，三名同学不同程度地受到了伤害，小王也因故意伤人受到了拘留15天的处罚。

后来小王受到教育后反省道：“如果当时稍微有点礼貌，多问一句也许就不会有这样的结果。大家来自五湖四海，能相聚就是缘分，我没有珍惜缘分还破坏了缘分，真的不应该。”

2)教室礼仪

要改变不良习气，按时到课堂，准备好上课必需的用品，不带食物进教室，上课时认真听讲，不做其他的事情，不在课桌上乱涂乱画，保持对自己、对同学和对老师的尊重，同时也要尊重自己所学的知识。下课或课间请教老师问题时要有礼貌，适可而止，给其他同学留下问问题的时间，不打闹，不喧哗，不在公共区域吸烟。放学后要及时带走垃圾，关闭电器，交还设备，为他人使用教室提供便利。

3）校内公共场所礼仪

校园里的基本氛围影响着每个人的成长，校园里的基本礼仪体现着整个校园的文化。作为学生，在校园里就应该共同建立一种文明健康、积极向上的礼仪环境，把校园当作我们的家园来爱护。大学校园应该是神圣的科学知识殿堂，我们要爱护公共设施，不乱涂乱画，不踩踏草坪，不采摘花木，积极参与校园卫生的维护与清扫；见到老师要问好，对同学要真诚热情，遇到需要帮助的人要及时给予帮助；需要排队时要自觉排队，不大声喧哗，文明恋爱。

4）饮食礼仪

一般情况下，大学生的饮食活动都是在食堂里进行的，食堂是大学生活中挥之不去的"舌尖记忆"。当然，食堂之外也有很多饮食场所，让我们的大学生活丰富多彩。虽然饮食环境是多种多样的，但是，大学饮食一般都是在公共场所进行的，因此饮食礼仪也非常重要。有些同学在食堂打饭不排队、浪费粮食、边吃边大吵大闹、不收拾碗筷、踩踏桌椅板凳等，让大学生谦谦君子的形象遭到破坏。大学生应该是有素质的，因此应该注意饮食礼仪，比如有序排队、收拾碗筷、食不言、不酗酒、不浪费等。在私下聚餐或者在外面用餐时也要注意维护大学生的形象，让大学生成为文明的代言人。

5）制度礼仪

俗话说："没有规矩不成方圆""国有国法，校有校规"，我们的大学生活将在大学校园里度过，大家都需要一个和谐、有序、安全、温馨的校园环境。要建设这样的环境就必须要有相应的规章制度，让大家有序开展活动，有礼有节地学习和生活。因此，遵守规章制度也是文明礼仪的一种表现，作为大学生应该主动学习和执行《学生手册》的相关规定和《大学生日常行为规范》中的要求，让我们的行为成为维护校园健康向上、安全稳定的助力器。

资料9

要命的违章用电器

小陈等5名同学住在一间宿舍里，大家和睦相处、亲密友爱。有一天，辅导员老师来检查宿舍，发现她们宿舍有一个电吹风，因为电吹风是发热电器，很容易由于疏忽而引起火灾，于是就收缴了她们宿舍的电吹风，并要求小陈宿舍的所有成员写检讨，接受严重警告的处分。

小陈在受到处分后非常气愤，为什么不能使用电吹风？冬天那么冷，洗完了头吹一下都不行吗？那我们怎么吹干头发啊？于是，她又偷偷地买了一个吹风机把它藏在自己的柜子里，需要用时就拿出来，同学们都夸小陈聪明。有一天早上，小陈正在吹头发，突然停电了，小陈正郁闷呢，宿舍室友让她赶紧去出操，小陈扔下吹风机就跑了。出完操正赶上第一节课有课,她又与室友一起急急忙忙地去上课了。她们不知道宿舍里正在酝酿一场火灾。第一节课刚上课10分钟左右,宿舍来电了,小陈的电吹风开始不断地运转,热量也越来越大,不一会儿就点燃了塑料外壳,慢慢地火势大了起来,点燃了旁边的书本,接着是床铺……等消防人员赶到时,小陈所在宿舍已经成为一片灰烬,昔日温馨的"家"已变成了黑乎乎的炭炉,小陈后悔莫及。

6)求职礼仪

求职礼仪对于个人求职成功有着非常重要的作用,求职过程中的礼仪行为不仅是对招聘人员的尊重,也是当代大学生基本素质和修养的体现。

①制订方案,做好简历。为了表示对招聘人员和招聘单位的尊重,简历绝对不能马马虎虎草率完成,要根据个人情况和用人单位需要,扬长避短,精心设计,有针对性,但也不能浮夸作假,这也体现着一个求职者的基本素质。

②合理着装,注重仪表。在求职过程中,第一印象是相当重要的,这需要通过我们的着装仪表展现出来。在这方面男士和女士的要求是不一样的。男士要着正装,衣服最好选择深色的西装,衬衫必须是长袖的,以淡色为佳,领带的条纹款式要与西服衬衫搭配得当,一般配上深色袜子和黑色皮鞋;女士着装要稳重端庄,切忌浮夸轻佻,裙子一般要超过膝盖,颜色要注意搭配得当,一般不超过三种颜色,面试时不要穿长而尖的高跟鞋,一般以中跟鞋为佳,饰物要少而精,可以化淡妆。求职时仪表方面还要注意个人卫生,发式凸显精干,给人眼前一亮的感觉。

③认真准备,大方得体。面试环节中要注意准备自我介绍的内容,既能凸显个人能力,又能满足面试官的需求。面试时谈吐得当,表情自然端庄,仪态大方,适当的肢体语言既能缓解紧张情绪,又能体现个人风度。

求职过程中还有一些要注意的礼仪细节,如提前10分钟左右到达,关掉手机,进门时轻轻敲三下门得到允许后再进入,不要吃有刺激性气味的食物等。

本章小结

规则意识是一名合格的社会人所必备的基本素质,是大学生在走向社会、职场之前必需领会、理解和实践的重要知识内容。在当代大学生中出现了规则意识淡薄的状况,导致学生们无法进行有效的自我行为管理,造成了目标不明确、认知不清晰等不良结果。规则意识是在掌握规则知识,形成规则习惯,最终成为规则自觉的过程中逐渐培养形成的,它能够让大学生适应社会、融入社会,成为社会所需要的人才。

要形成规则意识,必须学会如何进行有效的自我行为管理,明确自身所具备的外部条件和内部条件,对自我进行有效分析能够帮助我们构建科学合理的行为调控体系,让我们的行为能够瞄准目标,有的放矢。

在自我管理体系中，文明礼仪规范是最基本的规则内容，大学生文明礼仪的缺失造成了大学生失去社会信任的事实，因此，大学生必须重拾文明礼仪的基本规范，补好文明礼仪的课程，掌握文明礼仪的基本内容并身体力行地将其化作具体实践，融入自己的精神内核当中去，才能成为社会需要的合格人才。

作　业

请根据自己的理解完成下面的表格。

大学生为什么要进行自我行为管理？
大学生文明礼仪基本规范的内容有哪些？

第八章　自我超越

[学习目标]

1. 激发积极进取的动机,努力发掘自身的极限潜能;
2. 掌握个人极限和团队极限突破的要素;
3. 明确只有通过个人的不断挑战,才能带来整个团队的突破。

[导入]

马斯洛说过:"音乐家作曲,画家作画,诗人写诗,如此方能心安理得。"每个复杂的体系,不论它是一部机器,或是一台电脑,其各部分的结构都得协调一致,相互支持,方能达成最佳的运作;如果各行其是,没多久便会停机。人类也不例外。我们的行为若无法与内心最重要的愿景相符,那么便会在内心产生对立,成功也就遥遥无期了,更甭谈什么发挥潜能了。处在任何一个团队之中的个体,如果正在追求的东西与整个团队的最终目标愿景相冲突,那就会陷于内心混乱的地步,一事无成,其所在的团队也不能达成预期的目标。

所以,若想个人和团队都能够得到改变、成长、创新,实现共赢,就得不断挑战自我,不断突破极限,挖掘潜能,用个人突破来带动整个团队的突破,才能取得最后的成功。

资料1

著名学者周国平在南极实地考察手记中写道:"正是在逼近生命极限的地方,人的生命感觉才最为敏锐和强烈。从生命的观点看,现代人的生活有两个弊病:一方面,文明为我们创造了越来越优裕的物质条件,远超出维持生命之所需,那超出的部分固然提供了享受,但同时也使我们的生活方式变得复杂,离生命在自然界的本来状态越来越远;另一方面,优裕的物质条件也使我们容易沉湎于安逸,丧失面对巨大危险的勇气和坚强,在精神上变得平庸。我们的生命远离两个方向上的极限状态,向下没有承受匮乏的忍耐力,向上没有挑战危险的爆发力,躲在舒适安全的中间地带,其感觉日趋麻木。因此,在实质上,对极限体验的追求是对现代文明的抗议和背叛,是找回生命的原始力量和最初感觉的努力。"

第一节　真实自我的实现与超越

劳伦斯·库比(Lawrence Kubie)在《教育中被遗忘的人》这篇文章里提出一个观点,认为教育的一个根本目标就是帮助人成为一个人,尽他的可能成为一个完全符合人性的人。因此,我们需要了解人性,了解一个更美好的真实自我可能是怎样的。

一、需求层次理论

1954 年在《动机与人格》一书中,马斯洛提出了著名的需要层次理论。他认为,人的基本需要由低到高,依次是生理的需要、安全的需要、社交的需要、尊重的需要、自我实现的需要。

1. 五种需要的内涵

(1)生理的需要,是人们最原始、最基本的需要,如吃饭、穿衣、住宿、医疗等。若不能得到满足,则有生命危险。这就是说,它是最强烈的不可避免的最底层需要,也是推动人们行动的强大动力。显然,这种生理需要具有自我和种族保护的意义,以饥渴为主,是人类个体为了生存而必不可少的需要。

(2)安全的需要,要求劳动安全、职业安全、生活稳定,希望免于灾难和未来有保障等。具体表现在以下几个方面:

①物质上的,如操作安全、劳动保护和保健待遇等。

②经济上的,如失业、意外事故、养老等。

③心理上的,希望解除严酷监督的威胁,免受不公正待遇,工作上有应付能力和信心。安全需要比生理需要高一级,当生理需要得到满足以后就要保障这种需要。

(3)社交的需要,也叫归属与爱的需要,是指个人渴望得到家庭、团体、朋友、同事的关怀、爱护、理解,是对友情、信任、温暖、爱情的需要。社交的需要比生理需要和安全需要更细微、更难捉摸。它包括以下几个方面:

①社交欲,希望和同事保持友谊与忠诚的伙伴关系,希望得到互爱等。

②归属感,希望有所归属,成为团体的一员,在个人有困难时能互相帮助;希望有朋友能倾吐心里话、说说意见,甚至发发牢骚。而爱不单是指两性间的爱,而是广义的,体现在互相信任、深深理解和相互给予上,包括给予和接受爱。

(4)尊重的需要,可分为自尊、他尊和权力欲三类,包括自我尊重、自我评价以及尊重别人。与自尊有关的有自尊心、自信心,对独立、知识、成就、能力的需要等。尊重的需要也可以作以下划分:

①渴望实力、成就、适应性和面向世界的自信心,以及渴望独立与自由。

②渴望名誉与声望。声望为来自别人的尊重、注意或欣赏。满足自我尊重的需要导致自信、价值与能力体验、力量及适应性增强等多方面的感觉,而阻挠这些需要将产生自卑感、虚弱感和无能感。基于这种需要,愿意把工作做得更好,希望受到别人重视,指望有成长的机会、出头的可能。显然,尊重的需要很少能够得到完全的满足,但基本的满足就可产生推动力。这种需要一旦成为推动力,就将会令人具有持久的干劲。

(5)自我实现的需要,是最高等级的需要。满足这种需要,就要求完成与自己能力相称的工作,最充分地发挥自己的潜在能力,使自己成为所期望的人物。这是一种创造的需要。有自我实现需要的人,似乎在竭尽所能,使自己趋于完美。自我实现意味着充分地、活跃地、忘我地、集中全力和全神贯注地体验生活。成就感与成长欲不同,成就感追求一定的理想,往往废寝忘食地工作,把工作当作一种创作活动,希望为人们解决重大课题,从而完全实现自己的抱负。

在马斯洛晚年,在自我实现的基础上,又提出了第六个层次——自我超越的需要。他指出,超越指的是人类意识最高而最广泛或整体的水平,超越是作为目的而不是作为手段发挥作用。

2. 五种需要的关系及作用

在马斯洛看来,五种需要可以分为高低两级,构成人类价值体系两类不同的需要。

一类是沿生物谱系上升方向逐渐变弱的本能或冲动,称为缺乏型需要。生理上的需要、安全上的需要和社交上的需要都属于低一级的需要,这些需要通过外部条件就可以满足,是在自然界中生存选择形成的。

另一类是随生物进化而逐渐显现的潜能或需要,称为成长型需要。尊重的需要和自我实现的需要是高级需要,它们是通过内部因素才能满足的,通常可以在教育的影响下发展。人的需要是从外部得来的满足逐渐向内在得到的满足转化。人都潜藏着这五种不同层次的需要,但在不同的时期表现出来的各种需要的迫切程度是不同的。在高层次的需要充分出现之前,低层次的需要必须得到适当的满足。低层次的需要基本得到满足以后,它的激励作用就会降低,其优势地位将不再保持下去,高层次的需要会取代它成为推动行为的主要原因。有的需要一经满足,便不能成为激发人们行为的起因,于是被其他需要取而代之。人的最迫切的需要才是激励人行动的主要原因和动力。任何一种需要都不会因为更高层次需要的发展而消失。各层次的需要相互依赖和重叠,高层次的需要发展后,低层次的需要仍然存在,只是对行为影响的程度减小。

满足需要时不一定先等最低层次充分满足后才开始满足中层次或高层次需要,有时个体为了满足高层次的需要会牺牲低层次的需要。信念可以超越生理、安全、社交、自尊等需要,这是自我实现、自我评价等需要带来的。爱的需要同样可以克服包括生理、安全、尊重的需要等。这五种需要不可能完全满足,越到上层,满足的百分比越小,高层次需要比低层次需要具有更大价值。

人的最高需要即自我实现就是以最有效和最完整的方式表现其潜力。有很多需要不被满足,会纵深发展,比如爱无止境。一个人对尊重和自我实现的需要也是无止境的。在人自我实现的创造性过程中,产生出一种所谓"高峰体验"的情感,这个时候是最激荡人心的时刻,是人存在的最高、最完美、最和谐的状态。

二、自我实现者的提出

在物质与商业的冲击下,人们的精力大都放在了追逐金钱、财富、舒适的生活享受上,而人的内心生活却被忽视了。“经济人”则是异化了的人的典型,其所有自发的、情感的、非功利主义的行为都受到了压抑,这种人实际上已经被看成金钱的奴隶。他的物质财富可能会很多,但作为一个“人”,他已失去了真正的自由。

马斯洛提出的“自我实现的人”恰恰与这种“异化的人”相反。马斯洛认为自我实现是一种机体系统自我表现和发挥功能的倾向,通过自我实现过程,人达到和谐、完整、自由的主观感受状态,从而更好地发挥作用。研究中,马斯洛发现,自我实现者与普通人有着显著不同,他们一般都具有以下几个积极的人格特征:

(1)敏锐的洞察力。自我实现者一般都具有较优秀的鉴赏力和判断力,他们能较好地辨别人性中的真伪,具有大体正确和有效识别他人的超常能力。在艺术、音乐、智力、科学、政治和公共事务等方面,他们似乎能比其他人更敏锐更正确地看清被隐蔽和混淆的现实。他们的感知不会被特别的需要或防御所歪曲。

(2)认可自己和他人。自我实现者相对不受那些令人难以抬头的罪恶感或者使人严重自卑的羞耻心以及极为强烈的烦躁焦虑等影响。认识自己的优点和缺点,能准确地了解自己的生物本性,并欣然接受自己人性的本质。

(3)坦率、自然、自发性。他们喜欢真实地表现自己的感情,表述和体验自己真实的感觉,不会矫揉造作,也从不落俗套。

(4)以问题为中心。自我实现者一般都不以自我为中心而强烈地把注意力集中在自身以外的问题上。

(5)超然独立,有独处的需要。自我实现的人一般不害怕孤独,有时甚至主动追寻清静和独处。他们并不回避与人接触,但从不依赖他人,能自立、自制,超越文化和环境的约束。

(6)高尚的审美情趣。自我实现者具有奇妙的反复欣赏能力。能以新奇的眼光欣赏生活中的许多事物和经验。他们常能带着敬畏、兴奋、好奇,甚至是狂喜的心情,精神饱满、天真无邪地体验对其他人而言或许已经变得陈旧了的人生乐趣。

(7)关注社会,具有良好的人际关系。他们对人类怀有很深的认同、同情和爱的感情,他们的人际关系往往建立在共同的价值观基础上,比一般人具有更好的人际关系。

(8)具有民主的性格特征。他们能对任何性格相投的人表示友好,完全无视该人的阶级背景、教育程度、政治信仰、种族及肤色等,只要是一个人,他们总能给其一定程度的尊重,即使对于恶棍,他们似乎也不愿超越某种最低限度去降低、贬损或侮辱其人格。

(9)富有创造力。这种创造力是普遍人性的一个特点,即所有人都具有的一种与生俱来的潜力。大多数人在适应社会的过程中逐渐丧失了它。而自我实现者则由于对经验更开放,感情更自然且受到存在性价值的激励,于是保持了这种以新鲜、纯粹、率直的眼光看待生活、看待世界的能力,更容易看到真实的、本质的东西,能超越各种二元式的对立而达到一种整合的状态。他们能在多方面与文化和睦相处,但不随波逐流,不墨守成规,他们是注重内心体验的人。

以上就是马斯洛对自我实现者人格的积极特征作出的主要描述。但"金无足赤,人无完人",即使这样的人,有时也会流露出易怒、暴躁、自私、沮丧或冷酷、无情、乏味等弱点。这正如马斯洛所提醒的"为避免产生对人性的失望,我们必须首先放弃对人性的幻想"。人们应通过对人性的全面把握发挥人的潜力和作用。

三、如何趋于自我实现

1967 年,马斯洛发表了《自我实现及其超越》一文,在这篇文章中,他提出了达到自我实现的具体途径:

其一,自我实现意味着充分地、活跃地、无我地体验生活,全身心地投入某一件事而忘怀一切。

其二,在面临前进与倒退、成长与安全之间的选择时,要选择成长而不是防御,力争使每一次选择都成为成长的选择。

其三,"要倾听自己生命内在冲动的呼唤",就是让自己的天性、潜能自发地显现出来,使之成为行动的最高法则,而不是一味地听从惯例、权威和传统。

其四,当有怀疑时,要诚实大胆地说出自己的怀疑而不要隐瞒。在许多问题上都应反躬自问,因为这意味着承担责任。

其五,在每次选择到来时都能将上述四点融合起来,从而作出对自己有利的正确选择。

其六,自我实现是一种实现潜能的过程,而不是一种结局状态。

其七,高峰体验是自我实现的短暂时刻。

其八,要识别哪些是自己的防御心理并有勇气放弃这种防御。喜欢什么,不喜欢什么,什么对自己是好的,什么是不好的,正走向何处,以及我们的使命是什么?敢于承担自己生命的责任,承认自己的内在潜能。

如同马斯洛所说:"能选为自我实现榜样的人,能符合自我实现标准的人,不过是从这些小路上走过来的:他们倾听自己的声音,他们承担责任,他们是忠诚的,而且,他们工作勤奋。他们深知他们是何许人,这不仅是依据他们一生的使命说的,而且也是依据他们日常经验说的。"自我实现是一种"存在",是每一个人都有可能达到的长远目标,但同时它也是一个过程,是由许许多多微小的进展一点一滴逐步累积而成的,也是潜能不断激发的过程,是走向更美好的真实自我的过程,这个过程不可能一蹴而就,需要付出持续的努力。当我们了解自我实现的途径,就可以带着觉察不断激发自我潜能,自我突破,朝这个方向不断前行。

四、个人极限潜能突破的要素

不断激发潜能，自我超越，是实现和超越真实自我的途径。在这个持续的过程中，我们需要了解潜能激发的要素。爱迪生说："如果你希望成功，当以恒心为良友，以经验为参谋，以当心为兄弟，以希望为哨兵。"爱因斯坦告诉我们，成功者必备的要素为"A = X + Y + Z"，"A 代表成功，X 代表艰苦劳动，Y 代表正确方法，Z 代表少说废话"。览古今名著，阅百家之言，发现无论古今中外，要想实现自我突破，取得成功应该具备以下要素：

1. 保持积极的心态

人与人之间只有很小的差别，但却往往造成巨大的差异，很小的差别就是心态是否积极，巨大的差异就是成功与失败。也就是说，心态是命运的控制塔，心态决定人生的成败。我们生存的外部环境也许不能选择，但另一个环境，即心理的、感情的、精神的内在环境，是可以由自己去改造的。成功的不一定都是企业家、领袖人物。成功，是指方方面面取得的成功，其标志在于人的心态，即积极、乐观地面对人生的各种挑战。一个人如果在一生中都不具有积极的心态，就可能深陷泥淖，不能自觉，不能醒悟，不能自拔，当发现身处困境时，机会已经失去。这种败局，不仅限于事业的失败，还包括人生中为人处世的失败、心理情绪的失败、婚恋家庭的失败、人生感受的失败等。总之，凡人生感受不如意、不幸福，都可视为人生的失败，这些失败多半源于弱者与生俱来的消极心态。如果我们能够调整心态，改变处事方法，就可以避免或扭转败局，甚至可以成为事业成功的伟人和把握幸福人生的智者。人成功不是指拥有什么（权力、财富），而是做了什么。如果能在一点一滴的努力中去实现自己的目标，就可以帮助和影响他人。成功等于每天进步一点点。积极的心态包括诚恳、忠诚、正直、乐观、勇敢、友善、积极、向善、努力、愉快、自信和有安全感等。

2. 要有明确的目标

有了目标，内心的力量才会找到方向，漫无目标的努力终归会迷路，而你心中那座无价的金矿，也因得不到开采而与平凡的尘土无异。过去和现在的情况并不重要，将来想获得什么成就才是最重要的。有目标才会成功，如果对未来没有理想，就做不出什么大事。设定目标后要制订中长期计划，而且还要怀着迫切的愿望付出努力。成功是需要完全投入的，只有完全投入你所从事的事业中，才会有成功的一天；只有全身心地热爱你的生活，才会有幸福的一天。

3. 勇于实践

做个主动的人。要勇于实践，你的成功也就是因为多走了些路，找到了别人未找到的另外的东西。抓住机会、掌握机会，做个积极主动的人，并养成及时行动的好习惯。

4. 正确的思考方法

成功等于正确的思考方法加信念加行动。要想成为思考方法正确的人，必须具备顽强坚定的性格，挖掘潜力，进行"我行""我是优秀的""还须再改进"的心理暗示。

5. 高度的自制力

自制是一种最艰难的美德,有自制力才能抓住成功的机会。成功的最大敌人是自己,缺乏对自己情绪的控制,会把许多稍纵即逝的机会白白浪费掉。

6. 培养领导才能

衡量一个领导人物成就的大小,要看他信念的深度、雄心的高度、理想的广度和他对下属关爱的程度。一个人的领导能力唯有靠同事和下属的支持和合作才能达成。领导要练习赞美的艺术,对人要公正,管理要合乎人性。每一件事都要精益求精,都要研究如何改善,都要订出更高的标准。认真工作并不断改进的人才会成为一个卓越的领导。

7. 建立自信心

一个人能否做成、做好一件事,首先看他是否有一个好的心态,以及是否能认真、持续地坚持下去。信心大、心态好,办法才多。所以,信心多一分,成功多十分,投入才有收获。永远不要被缺点所迷惑。当然,成功卓越的人只有少数,失败平庸的人却很多。成功的人在遭受挫折和危机的时候,仍然是顽强、乐观和充满自信的,而失败者往往是怯懦的。成功的程度取决于信念的程度,我们应该学会自信。

8. 迷人的个性

人生的美好在于人情的美好,人情的美好在于人性的美好,人性的美好在于迷人的、能够吸引人的个性。对他人的生活、工作表示深切的关心;与人交往中求同存异,避免冲突;学会倾听别人的观点;学会夸奖别人;有微笑的魅力;别吝啬自己的同情;要学会认错,学会宽容大度。

9. 创新制胜

创造力是最珍贵的财富。如果你有这种能力,就能把握事业成功的最佳时机,从而创造伟大的奇迹。创新思维比常规思维更具明显优势,其特点有:①具有独创性;②机动灵活;③有风险意识。创新思维无论取得什么样的成果,都具有重要的认识论和方法论的意义,因为即便是不成功的结果,也会向人们提供以后少走弯路的教训。常规性思维虽然看起来"稳妥",但它的根本缺陷是不能为人们提供新的启示。

10. 充满热忱

有信仰就年轻,绝望就年老。失去了热忱,就损伤了灵魂。热忱是一种最重要的力量,有史以来没有任何一项伟大的事业不是因为热忱而成功的。热忱要有高尚的信念,如果热忱出于贪婪和自私,成功也只是昙花一现。唯有热忱的态度,才是成功推销自己的重要因素。热忱的心态,是做任何事情必需的条件。热忱是一种积极意识和状态,能够鼓励和激励自己采取行动,而且还具有感染和鼓舞他人的力量。

11. 专心致志

没有专注,就不能应付生活的挑战。干什么都要求专注,专注就是用心,凡事用心终会成功。

12. 富有合作精神

合作是企业振兴的关键。而企业家的威信又是合作的关键。合作,企业就繁荣;纷争,企业就衰退。合作就有力量,合作是领导才能的基础,合作加速成功。

13. 正确对待失败

失败是正常的,颓废是可耻的,重复失败则是灾难性的。失败是成功之母,要从挫折中吸取教训。要敢于屡败屡战,要摒弃消极思想,全力以赴,不消极等待,在吸取教训中改善求进,"成功是经过多次错误甚至大错之后才得到的",用毅力克服阻碍,做自己的对手,战胜自己。

14. 永葆进取心

拥有进取心,才能成为杰出人物。进取心是成功的要素,我们要有不为报酬而工作的精神,要有任劳任怨的敬业精神,勤学好问、不耻下问是放之四海而皆准的行为准则。

15. 合理安排时间和金钱

浪费时间,就是浪费机会。效率就是生命,要把精力集中在那些回报率大的事情上,别把时间花费在对成功无益的事情上。每天都有一个处理事情的先后顺序及进度,并身体力行,定期检查,杜绝懒惰和拖拖拉拉。金钱不是万恶之源,贪财才是万恶之根。金钱可以使你自信和充分地表现自我,养成储蓄的习惯,经济独立才有真自由。在金钱交往中,无论是公共关系,还是私人关系,应遵守互惠互利的原则,才能健康地长久发展。

16. 保持身心健康

一切成就、一切财富都始于健康的身心。要克服异常心理和人格障碍中的孤僻、易怒、固执、轻率等消极情绪,以及其他类型的变态心理。这些心理严重地影响了人际关系,也妨碍了家庭、工作和事业。我们要学会缓解和消除心理压力、择业压力、各种诱惑所构成的压力、生活不顺的压力等,对各种压力采用积极的应对方式来缓解和避免。要有健康的身体,因为健全的心灵和健康的身体是成功的基本保证。

17. 养成良好的习惯

好的习惯可以造就人才,坏的习惯可以毁灭人才。好习惯对人的成功有巨大的影响力。好习惯的报酬是成功,好习惯是开启成功大门的钥匙。好习惯包括胸襟开阔、勇于纠正自己缺点、从容不迫、喜欢运动等。

经过职业潜能课程的学习,反思学习过程,对照以上所列的内容进行自检,相信大家都有不同程度的感悟和收获。

第二节　打造精英团队,激发团队潜能

资料2

短板理论:盛水的木桶是由多块木板箍成的,一只木桶盛水的多少,并不取决于桶壁上最长的那块木板,而恰恰取决于桶壁上最短的那块木板。劣势决定优势,劣势决定生死,这是企业界最知名的管理法则。若其中一块木板很短,则此木桶的盛水量就被限制,该短板就成了这个木桶盛水量的"限制因素"(或称"短板效应")。若要使此木桶盛水量增加,只有换掉短板或将其加长才行。人们把这一规律总结为"木桶原理"或"木桶定律",又称"短板理论"。

我们知道,一个人的能力是有限的,当一项工作或任务远远超出个人能力范围时,进行团队协作就势在必行。团队不仅能够完善和扩大个人的能力,还能够帮助成员加强相互理解和沟通,把团队任务内化为自己的任务,真正做团队工作的主人,这样的团队能战胜一切困难,赢得最终的胜利。而作为这样的团队的成员也会在团队协作过程中迅速成长起来。

一个能不断实现自我突破,挑战极限的高效率团队一定是一个表现优秀、使内部成员和外界均感到满意的工作集体。它总是同高难度的工作任务、成员的全身心投入、通力协作以及对创新矢志不渝的追求紧密联系在一起,尽情地展现和挖掘出每一位团队成员的聪明和潜力。

一个团队是否能够不断突破,象征着其后继发展是否有实力,也是团队凝聚力和战斗力的充分体现。一个团队的不断自我超越和突破应从以下几个方面进行。

一、组建核心层

团队建设的重点是培养团队的核心成员。俗话说"一个好汉三个帮",领导人是团队的建设者,应通过组建智囊团或执行团,形成团队的核心层,充分发挥核心成员的作用,使团队的目标变成行动计划。团队核心层成员应具备领导者的基本素质和能力,不仅要知道团队发展的规划,还要参与团队目标的制订与实施,使团队成员既了解团队发展的方向,又能在行动上与团队发展方向保持一致。大家同心同德、承上启下,心往一处想,劲往一处使。

二、制订团队目标

团队目标来自公司的发展方向和团队成员的共同追求,是全体成员奋斗的方向和动力,也是感召全体成员精诚合作的一面旗帜。核心层成员在制订团队目标时,需要明确本团队目前的实际情况,例如:团队处在哪个发展阶段,是处在组建阶段、上升阶段,还是稳固阶段?团队成员存在哪些不足,需要什么帮助,斗志如何?等等。当然,目标的最后确定必须遵循

SMART 原则，即具体的（Specific）、可以衡量的（Measurable）、可以达到的（Attainable）、具有相关性（Relevant）、具有明确的截止期限（Time-based）。

三、训练团队精英

训练精英是团队建设中非常重要的一个环节。建立一支训练有素的队伍，能给团队带来很多益处：提升个人能力、提高整体素质、改进工作质量、稳定工作业绩。一个没有精英的团队犹如无本之木，一支未经训练的队伍犹如散兵游勇，难以维持长久的繁荣。训练团队精英的重点在于：①建立学习型组织，让每一个人认识学习的重要性，尽力为他们创造学习机会，提供学习场地。②表扬学习进步快的人，并通过一对一沟通、讨论会、培训课、共同工作的方式营造学习氛围，使团队成员在学习与复制中成为精英。③搭建成长平台。团队精英的产生和成长与他们所在的平台有直接关系，一个好的平台，能够营造良好的成长环境，提供更多锻炼和施展才华的机会。

四、为团队建立优秀的标准

余世维老师曾讲到：公司里的员工能否主动说出“这是我的公司”？遇到问题时员工是否会积极主动地思考？日常工作中，公司内部成员之间能否通畅地合作？以上三个问题的答案就决定了该公司是不是一个团队。衡量一个组织是不是团队有三个要素：自主性、思考性和协作性。

①自主性也就是主动反馈、主动沟通和主动关切。作为管理者一般事情较多，不可能关注事情的方方面面，所以主动反馈、主动沟通和主动关切显得非常重要。

②思考性就是善于发现缺点并不断地改善缺点。作为员工应自己去发现问题，管理者不是替员工想办法的，员工需要自己想办法，员工只有提出自己的想法和对策后才能积极主动地去解决问题。如果管理者总是为员工想办法，时间一长员工就没有思考性了，脑筋就会像螺丝一样渐渐生锈，这是管理者的错不是员工的错。

③协作性就是不仅愿意自己做事情、自己开动脑筋，还善于与周围的人合作做事情。有这么一个寓言故事，在远古的时候，上帝创造了人类，随着人的增多，上帝开始担忧，他怕人类会不团结，会造成世界大乱。为了检验人们之间是否具备团结协作的意识，上帝做了一个试验。他把人类分为两批，在每批人面前都放了一大堆可口美味的食物，然后给每个人发了一双又细又长的筷子，要求他们在规定的时间内把桌上的食物全部吃完，并不许有任何浪费。试验开始了，第一批人各自为政，只顾拼命地用筷子夹取食物往自己的嘴里送，但因筷子太长，总是无法够到自己的嘴，而且因为你争我抢，造成了食物极大的浪费。上帝看到此，感到失望。轮到第二批人了，他们一上来并没有急着要用筷子往自己嘴里送食物，而是大家一起围坐成一个圆圈，先用自己的筷子夹取食物送到坐在对面的人嘴里。然后，由坐在自己对面的人用筷子夹取食物送到自己的嘴里。就这样，人们在规定时间内吃掉了整桌的食物，

并丝毫没有造成浪费。第二批人不仅享受了美味，还获得了彼此的信任和好感。上帝看了，点了点头，感到了希望。这个故事能很形象地体现出协作的重要性。

五、培育团队精神

团队精神是指团队成员为了实现团队的利益和目标而相互协作、尽心尽力的意愿和作风，它包括团队的凝聚力、合作意识及士气。团队精神强调的是团队成员的紧密合作。要培育这种精神，领导人首先要以身作则，做一个团队精神极强的楷模；其次，在团队培训中加强团队精神的理念教育；最重要的是要将这种理念落实到团队工作的实践中去。一个没有团队精神的人难以成为真正的领导者，一个没有团队精神的队伍是经不起考验的队伍，团队精神是优秀团队的灵魂，是成功团队的特质。

六、善用团队激励

正如销售是一种与拒绝打交道的行为，团队建设是容易与别人的观念发生冲突的工作，是需要一定时间的坚持才能成就的事业。其实每个人要做好这一切，所面临的最大挑战就是自己，因此，每个团队成员都需要被激励，领导人的激励工作的好坏，直接影响团队的士气，最终影响团队的发展。激励是指通过一定手段使团队成员的需要和愿望得到满足，以调动他们的积极性，使其主动自发地把个人的潜力发挥出来，从而确保既定目标的实现。要学会用激励代替命令。激励的方式多种多样，如树立榜样、培训、表扬、奖励、庆祝活动等都是激励的有效方式。

七、打造学习型团队

对个人来讲，学历代表过去，能力代表现在，学习力才代表将来。据统计，美国一些成功企业的老总一年平均要看 50 本书，中层领导一年要吸收 100 本书的精华，而中国很多企业的老总一年只看 1.5 本书。为什么国外的企业更优秀？通过这些数据就可以看出问题。学习是提升的原动力，只有学习才有创新，因此一个学习型的团队非常重要。学习型团队可以通过有组织的学习、沟通、探讨，达到提高个人认知水平、明确公司方向、提升管理水平的共识。

用什么方法打造学习型团队呢？

①要成为学习型组织，先决条件是必须有和谐的内部学习氛围，同时要教会团队成员学习的方法，组织内的成员才能互相分享知识。

②一定要注重团队中新员工主动学习能力的培训。很多新员工总觉得离开学校后可以不用学习了，这个时候要特别注意培养他们的学习能力，让他们不但不停止学习，而且必须加倍地学习。

③团队内部应有专人负责收集与团队工作相关的行业信息，并定期组织学习。

④每一次会议应有一项议程，如基层员工演讲，讲述自己近期工作中的感悟、所学习的一本书的内容、一个新的工作技巧等，以此提升员工主动学习的能力。

⑤团队负责人可以给某方面能力不足的员工赠送书籍，以提升该员工能力。

八、为团队建立文化

文化是团队运转的润滑剂，是团队的灵魂。如何做好团队的文化建设呢？

①选好管理者。有时团队的文化就是管理者的文化。

②做好授权。团队一定要做好委托与授权。集权过度会造成员工工作效率低下，员工没有自主性，什么事情都要请示汇报。哪些事情需要审批，哪些事情员工可以做主，一定要明确地罗列出来。在月度与年度计划工作表中应该明确授权范围。

③给予团队管理者充分尊重。团队内部每个成员间一定要做到相互尊重、彼此理解；否则，一个团队将因无法运行而走向解散。团队的管理者能够为团队创造一种相互尊重的氛围，确保团队成员有完成工作的自信心。大家只有相互尊重，团队共同工作才能比单独工作更有效率。

④宽容与信任团队成员。团队成员最需要的是信任，领导者要敞开心扉与成员沟通，宽待别人的错误，并作出正确的引导。武汉归元寺昌明大师的一段话可以阐释宽容与信任的道理："一花一世界，一叶一如来；心大自然大，心小自然小。"

案例讨论

案例 1

梅尔龙，一位已被医生确定为残疾的美国人，靠轮椅代步已十二年。他的身体原本很健康，十九岁那年，他赴越南打仗，被流弹打伤了背的下半部分，被送回美国医治。经过治疗，他虽然逐渐康复，却没法行走了。他整天坐轮椅，觉得此生已经完结，有时就借酒消愁。有一天，他从酒馆出来，照常坐轮椅回家，却碰上三个劫匪动手抢他的钱包。他拼命呐喊、拼命抵抗，触怒了劫匪，他们竟然放火烧他的轮椅。轮椅突然着火，梅尔龙忘记了自己是残障人士，他拼命逃走，竟然一口气跑完了一条街。事后，梅尔龙说："如果当时我不逃走，就必然被烧伤，甚至被烧死。我忘了一切，一跃而起，拼命逃跑，直到停下脚步，才发觉自己能够走动。"现在，梅尔龙已在奥马哈城找到一份工作，他已身体健康，能与常人一样走动。

另一则故事是这样，有两位年届 70 的老太太，一位认为到了这个年纪可算是人生的尽头，于是便开始料理后事。另一位却认为一个人能做什么事不在于年龄的大小，而在于想法怎样。于是，她在 70 岁高龄之际开始学习登山。随后的 25 年里一直冒险攀登高山，其中几座山还是世界闻名的。后来她还在 95 岁高龄时登上了日本的富士山，打破了攀登此山的最高年龄纪录。她就是著名的胡达·克鲁斯老太太。

专家点评：

世界顶尖潜能大师安东尼·罗宾指出，人在绝境或遇险的时候，往往会发挥出不寻常的能力。人没有退路，就会产生一股“爆发力”，这种爆发力即潜能。人类所拥有的无限潜能是多方面的：体能、智能、宗教经验、情绪反应等。然而，由于情境的限制，人只发挥了其1/10的潜能。潜能是人类最大而又开发得最少的宝藏。无数事实和许多专家的研究成果告诉我们：每个人身上都有巨大的潜能还没有开发出来。人的潜能有多大？没有做不到的，只有想不到的。因此，才有了古今中外多少历经磨难、突破常规而取得成功的典范，成就了多少英雄豪杰。

案例2

大雁是一种候鸟，春天到北方繁殖，冬天到南方过冬，而要完成这种空间上的跨越，自然就免不了长时间的飞行。大雁在迁徙过程中，要么排成“V”字形，要么排成“一”字形。为什么会排成这两种形状？科学家经过大量的调查研究发现：大雁以这种方式飞行要比单独飞行多出12%的距离，飞行的速度是单独飞行的1.73倍。因为大雁在飞行过程中，一般是由一只比较强壮的大雁在前面开路，能帮助它后面或两边的大雁形成局部的真空，减小飞行的阻力，并且领头雁时常发出叫声，以此鼓励其他大雁不要掉队。当领头雁感觉疲倦无力时，另外的大雁会及时补上，以此保持飞行的速度。大雁就是通过这种团结协作的精神才完成长达1~2个月的飞行的。

专家点评：

雁群由许多有着共同目标的大雁组成，在组织中，它们有明确的分工。飞行中的雁两翼可形成一个相对的真空区域，飞翔的头雁是没有谁给它真空的。漫长的迁徙过程中总有人带头搏击，这是一种牺牲精神。在飞行过程中，雁群大声嘶叫以相互激励，通过共同扇动翅膀来形成气流，为后面的队友提供“向上之风”，称得上是一支完美的团队。大雁精神概括来说就是：团队协作、细致分工、目标一致、服从领导、自我牺牲。一群迁徙的候鸟，能够通过分工合作达到省力、提速的目的，知道如何为群体共同的目标而作出个体的自我牺牲，翱翔的雁阵把“人”字写在天空上，这足以让作为思想群体的团队深思。

思考题

1. 对照个人潜能突破的要素，思考自己在哪些方面还有不足。
2. 你希望在团队中处于什么样的角色，或者在团队中能发挥什么样的作用？
3. 没有完美的个人，只有完美的团队。你怎么看？

挑战150

一、课程意义

据了解，“90后”大学毕业生总体素质较高，但在人际沟通能力、团队合作意识等方面有所欠缺。不少人力资源经理认为，这反映了某些“90后”毕业生的特质，现在“90后”大学毕业生大都是独生子女，“他们往往喜欢‘单兵作战’，强调个体价值，而团队合作精神较弱，这需要在今后的入职培训中逐步加强”。大学毕业生从“学生”向“社会人”的转变还需要过程。

“职业潜能训练之挑战150”课程，通过指导学员在150秒内完成六个挑战性团队项目（精准投球、南水北调、不倒森林、和谐鼓点、协力跳绳、团队雕塑6个项目），让学员体味团队的力量，进而培养学员的团队精神并打造团队。

二、项目名称

挑战150。

三、培训对象

职业潜能训练课程所有学员。

四、培训课时

4课时。

五、合格标准

在前继课程完成的基础上，完成激情挑战150（最低要求为300秒）。

六、项目目标

培养学员的团队意识：

①使团队成员懂得分享感受，分担和承担团队责任，增强学员的奉献精神与团队意识；

②培养学员自信心，建立团队成员的信任关系，培养换位思考的意识，提升人际交往能力；

③激发学员的身体与心理潜能，磨炼意志力，培养直面挑战、追求卓越等积极心态；

④提升组织计划能力与创新能力，在不断学习与归纳中优化流程与团队分工；

⑤和谐团队氛围，锤炼有战斗力的团队。

七、器材准备

①秒表、口哨各两套；

②黑色签字笔按培训师人数确定，记分表两份；

③长跳绳2条、鼓2面、排球2个、1.2米PVC管30根、40～50厘米半边竹筒30根、乒乓球2个、一次性塑料杯2个。

八、项目流程

（1）检查学员着装。

（2）讲述项目规则：

①精准投球、南水北调、不倒森林、和谐鼓点、协力跳绳、团队雕塑6个项目在150秒内依次完成为挑战成功；

②除团队雕塑为最后一项，其余项目可自主确定次序；

③每个项目完成后需要将器材还原；

④如果某一项中途未完成则重做；

⑤一次挑战中每项重做次数不得超过3次；

⑥若不遵守规则要接受惩罚；

⑦确认各队的奖励承诺。

(3)项目正式开始前，安排20分钟给各组分头练习。

(4)练习结束后，挑战团队成员在项目起点站成一排，左手握拳高呼三遍团队口号后正式开始挑战，并开始计时，安排其他队在场外坐下观摩。

(5)一队挑战结束后，由队长组织讨论与观摩，确定改进措施。

(6)每轮挑战结束后再给各队10分钟练习时间，为下一次挑战做准备。

(7)挑战成功后，有两次继续挑战的机会。如无继续挑战的要求，则项目结束；若各队在同一轮挑战成功，用时最少的队为最佳团队，若时间相同，则挑战次数少的队为最佳团队；未成为最佳团队则接受惩罚，兑现承诺。

(8)调动学员自由发言，交流感受。

(9)点评。

九、学员分项操作规则

1. 精准投球

器材：网球1个、网球筒1个。

项目规则：两名学员站在规定位置（距离5~8米为宜），一人投球，一人接球，将球弹跳一次投进网球筒则项目完成，可进入下一环节。

2. 协力跳绳

器材：长跳绳1根(7~9米为宜)。

项目规则：两名学员分两头手持长绳，其余学员成一列自由组合站好，原地跳绳10个，中途失败可重新开始，成功可以进入下一个环节。

3. 不倒森林

器材：长1.2米的PVC细杆10~15根（按学员人数）。

项目规则：所有学员围成一圈，一手扶杆，保持杆子竖直，然后顺一个方向传10次，后一个人扶前一个人的杆，过程中杆不能倒地，倒地为失败，成功则可以进入下一个环节。

4. 南水北调

器材：长40~50厘米的半边竹板10~15个（按学员人数）、乒乓球1个。

项目规则：团队成员每人拿一块竹板，组成一字形，将乒乓球从第一个人的竹板上依次传到目的地的一次性塑料杯中为成功，中途球停顿、跳起或掉出来则重新开始。注意：学员的手只能接触自己的竹板，且乒乓球经过时不能再移动竹板。

5. 和谐鼓点

器材：半径30厘米左右的鼓一个，四周系上20根两米左右的细绳。

项目规则：团队成员分别拉着鼓四周的绳子，将排球在鼓面上弹10下，球每次弹起后距鼓面10厘米以上，球落地为失败，重新开始。成功则进入下一个环节。注意：所有学员参加且手离鼓的位置要在50厘米以上。

6. 团队雕塑

项目规则：所有团队成员围成一个圆圈，边鼓掌边喊口号："我们都是最棒的！"要求口号响亮整齐。

十、注意事项

①项目操作前做好必要的铺垫和准备，完成团队建设，进行1～3个团队沟通协作项目，在团队氛围良好，达到一定默契的条件下，能进行。

②项目开始前一定要充分热身，避免身体因未活动开而受伤。

③不得佩戴硬质物品（如眼镜、手表、手镯、发夹、耳环、项链、戒指、钥匙等），防止出现伤害事故。

十一、结语

马克思主义的政党只有赢得青年，才能赢得未来。党的事业离不开青年，青年的成长更离不开党。青年兴则国家兴，青年强则国家强。实现中华民族的伟大复兴，需要全国的青年朋友们去奋斗。

本章小结

人主要有五个层次的需要，人的最高需要即自我实现，就是以最有效和最完整的方式表现其潜力。真实自我的实现与超越是每个人获得成功与幸福的必经之路，不论此时你的生存状态如何，都不要自我放弃，磨灭潜能，不要自贬可能达到的人生高度，要锲而不舍地去克服一切困难，发掘自身才能的最佳生长点，扬长避短、踏踏实实地朝着人生的最高目标坚定地前进！用积极的心态发挥最大的潜能。

没有完美的个人，只有完美的团队。在现实社会中，在工作中，我们在提倡个性张扬的同时，更应该强调团结与合作，不管是组织内部，还是部门之间，只有每个人努力实现自我突破，把全部身心交给自己的团队，并精诚团结，用个人突破带来整个团队的不断突破，才会创造1+1>2的可能，个人价值才会体现，学习和工作才能更上一个台阶。在团队中找到自己的定位，融入团队，才能最大限度地激发自己的潜能，并由此激发团队潜能的最大限度发挥。

作　业

请根据团队构成的条件，结合本章所学内容，反思你所在的团队或者学生组织目前的现状，根据自己的理解完成下面的表格。

团体名称：
用优秀团队的标准来衡量，你认为该团队存在哪些问题？
1. 2 3. 4. ⋮
根据实际需要，想改变以上问题，需要从哪些方面进行改进？
1. 2. 3. 4. ⋮

参考文献

[1] M.詹姆斯.论强者——强者的诞生[M].成都:成都科技大学出版社,1987.

[2] 林昭雄,庞永师,孟强.大学生成才与"非专业能力"培养[J].广州大学学报:社会科学版,2008:7(5):45-48.

[3] 周瑞,李俊杰.谈谈非专业能力在高校毕业生就业中的重要性[J].教育教学论坛,2015(2):24-25.

[4] 李强,徐元彬.大学生非专业能力培养体系的构建及效果评估[J].中国成人教育,2014(17):58-60.

[5] 郭霖.大学生心理素质拓展[M].武汉:湖北科学技术出版社,2006.

[6] 伍大勇.大学生职业素质[M].北京:北京理工大学出版社,2014.

[7] 李国昌.早安 青龙山[M].武汉:中国地质大学出版社,2013.

[8] 郑玉才.大学生素质现状调查分析[J].教育研究,2005(5):68-70.

[9] 王超,马立丽.在大学生的生活中渗透素质教育[J].科技创新导报,2008(5):198.

[10] 杨定鹏,石昌远,聂国东,等.当代大学生特点分析及教育对策研究[J].长春理工大学学报,2010(7):141-143.

[11] 张希."90后"大学新生入学教育工作[J].华北理工大学学报:社会科学版,2010,10(4):100-103.

[12] 安东尼·罗宾斯.激发无限的潜力[M].北京:新华出版社,2002.

[13] 冯春.引爆你的潜能[M].南京:凤凰出版社,2011.

[14] 赵彩虹.秘密全集:世界上最神奇的潜能开发训练[M].北京:中国言实出版社,2008.

[15] 侯祖兵.员工潜能开发模型及显化路径研究[M].北京:中国地质大学出版社,2014.

[16] 邱章乐,王传旭,谈成文.潜能评估——潜能发展学说再解读[M].北京:中央编译出版社,2012.

[17] 周刚,张宝良,李迎.团队精神——现代企业成功的保障[J].工程机械,2003,34(4):38-40.

[18] 廖可贵,张祥.论国企企业文化中的团队精神建设[J].商场现代化,2008(13):229-230.

[19] 程森成,欧远海,余呈先. 企业团队精神的构建[J]. 武汉理工大学学报:社会科学版,2004,17(5):609-610.

[20] 杨芝. 中小企业培训流于形式的成因及对策研究[J]. 商场现代化,2007(35):306-307.

[21] 秦莉. 企业文化建设中团队精神的培养[J]. 农场经济管理,2006(5):35-36.

[22] 费湘军. 企业团队精神培训的效果评价[J]. 生产力研究,2006(12):211-212.

[23] 梁芳,马晓华. 浅谈 EAV 在企业管理中的运用[J]. 物流科技,2005,28(4):84-86.

[24] 余俊渠,叶树林. 论当代大学生团队精神的现状及思考[J]. 武汉科技学院学报,2006(9):79-82.

[25] 周新刚. 民营企业成长的管理走向[J]. 集团经济研究,2005(8S):55-57.

[26] 王茂森. 论出版社企业文化的三要素[J]. 出版发行研究,2004(2):8-10.

[27] 肯·坦纳. 团队建设与员工管理[M]. 张羽,译. 北京:机械工业出版社,2010.

[28] 姚裕群. 团队建设与管理[M]. 北京:首都经济贸易大学出版社,2009.

[29] 姚裕群,张再生. 人力资源与组织管理精品系列教材——职业生涯与管理[M]. 长沙:湖南师范大学出版社,2007.

[30] 陆建军,成杰. 团队精神[M]. 北京:中国工商联合出版,2010.

[31] 杨义清. 管理人员胜任素质模型研究[D]. 天津:天津商学院,2006.

[32] 戴维斯. 增强自信[M]. 冯羽,译. 上海:上海科学技术出版社,2003.

[33] 戴王磊. 社交技能与自信心训练[M]. 上海:复旦大学出版社,2006.

[34] 贺苏曼. 成功心理与人才发展[M]. 北京:北京世界图书出版社,1999.

[35] 杨金焱. 大学生职业生涯规划教程[M]. 武汉:湖北科学技术出版社,2006.

[36] 李顺兴,李杰,路志宏. 大学生人文素质教程[M]. 长春:吉林大学出版社,2008.

[37] 李宗桂. 中国文化概论:职业生涯辅导[M]. 广州:中山大学出版社,1988.

[38] 李晓明. 个人成功论[M]. 北京:中国物资出版社,2013.

[39] 拿破仑·希尔. 金玉良言[M]. 张继伟,译. 北京:北京理工大学出版社,2014.

[40] 戈布尔. 第三思潮:马斯洛心理学[M]. 吕明,陈红雯,译. 上海:上海译文出版社,1987.

[41] 马斯洛. 动机与人格[M]. 马良诚,译. 西安:陕西师范大学出版社,2010.